APTO PARA TODA LA FAMILIA

Guía para padres sobre una alimentación fácil y saludable

Aprenda cómo mantener a su familia saludable comprando, preparando y sirviendo comidas y refrigerios nutritivos.

Tabla de contenido

Dedicación 1

Testimonios 2

Introducción 4

01 Capítulo 1: Introducción a una alimentación saludable económica 5

    La importancia de una alimentación saludable para las familias 6

    Comprender su presupuesto 9

    Fundamentos de la planificación de comidas 10

02 Capítulo 2: Desayunos rápidos y fáciles 13

    Batidos energizantes 14

    Platos saludables con huevos 18

03 Capítulo 3: Almuerzos saludables con bajo presupuesto 24

    Arma tus propios wraps 25

    Ensaladas nutritivas 27

    Reinvención de las sobras 31

04 Capítulo 4: Cenas simples y satisfactorias 34

    Comidas en una sola sartén 35

    Comidas reconfortantes en olla de cocción lenta 38

    Opciones rápidas de salteados 40

05 Capítulo 5: Bocadillos asequibles para niños 43

    Bocaditos energéticos caseros 44

    Paquetes de frutas y verduras frescas 46

    Delicias con mantequillas de nueces naturales 48

06 Capítulo 6: Postres aptos para toda la familia 52

    Delicias saludables a base de frutas 53

    Ideas de repostería sin culpa** 55

    Paletas de yogur congelado 57

- 07 **Capítulo 7: Compras inteligentes** **61**
  - Crear una lista de compras económica 62
  - La fibra es muy importante 64
  - Leer las etiquetas de los alimentos es fundamental 64
  - Frutas y verduras de temporada y promociones 66
  - Consejos para comprar al por mayor 68
- 08 **Capítulo 8: Cocinar juntos en familia** **72**
  - Involucrar a los niños en la preparación de comidas 73
  - Retos divertidos en la cocina 74
  - Convertir la hora de la comida en un evento familiar 77
- 09 **Capítulo 9: Mantenerse motivado** **81**
  - Establecer metas realistas 82
  - Celebrar las pequeñas victorias 84
  - Formar hábitos saludables 85
- 10 **Capítulo 10: Recursos y herramientas** **88**
  - Libros de cocina y blogs recomendados 89
  - Utensilios de cocina para cocinar rápido 91
  - Aplicaciones para planificación de comidas y presupuesto 93
- 11 **Capítulo 11: Conclusión y próximos pasos** **95**
  - Adoptar un estilo de vida saludable 96
  - Ánimo para padres ocupados 99
  - Mirando hacia el futuro: planificación de comidas 101

Recursos **104**
- La Lista de los 12 Más Contaminados de 2024 107
- La Lista de los 15 Más Limpios de 2024** 108

Consejos para Comprar de Forma Más Saludable **110**

Biografía de la Autora **111**

Dedicación

Este libro está dedicado a Farell Moughon, mi esposo, quien me apoya en todos mis esfuerzos, y a Reba Taylor Muhlnickel, mi mejor hermana/amiga, quien no llegó a ver el producto terminado.

Testimonios

Testimonios "Recomiendo la clase de salud de Jane. Aprendí algo nuevo cada semana. Sus lecciones brindan mucha información. Está bien preparada y es una excelente maestra." —Linda García

"Su clase me da poder para tomar el control de mi salud a través de decisiones informadas, y nos equipa con conocimientos de nutrición del mundo real que se pueden aplicar fácilmente a nuestra vida diaria, llevando a una vida más saludable y feliz." —Bonnie Mathieu

"Esta clase ha cambiado mi vida, con cambios positivos y duraderos en mi salud y bienestar. Su experiencia en este campo y sus valiosos conocimientos enriquecen el contenido. Ahora soy mucho más cuidadosa con los ingredientes de los alimentos y lo que como." —Mary Lou Williams

"Estoy asombrada por toda la información que incluyó en estas clases. Tiene experiencia e inspira." —Ann Goodwin

"La clase es un nuevo comienzo hacia una mejor salud y bienestar. Jane es una maestra muy conocedora y presenta la clase de una manera muy informativa. He aprendido mucho sobre la comida y ahora como más saludablemente." —Dorris Harris

"La clase de alimentación saludable de Jane es muy completa y está llena de información valiosa. Su conocimiento y capacidad para consolidar muchas fuentes proveen un excelente recurso para ayudar a las personas a evitar los muchos ingredientes que dañan nuestro cuerpo." —Cathy Sterling

Introducción

Como padre, usted quiere lo mejor para sus hijos—mantenerlos felices, sanos y prosperando. Pero con los horarios ocupados de hoy en día, preparar comidas nutritivas puede parecer abrumador. Por eso escribí *Guía para padres sobre una alimentación fácil y saludable*—para simplificar las compras y la preparación de comidas mientras le ayudo a tomar decisiones más saludables para su familia. Nuestro suministro de alimentos está lleno de ingredientes no saludables—e incluso peligrosos. Muchos productos contienen azúcares ocultos, edulcorantes artificiales, ingredientes genéticamente modificados y grasas dañinas. Los alimentos procesados están despojados de nutrientes esenciales, lo que lleva a deficiencias que pueden debilitar el sistema inmunológico, contribuir al aumento de peso y aumentar el riesgo de enfermedades crónicas. Al aprender a leer las etiquetas y elegir alimentos integrales y nutritivos, usted puede tomar el control de la salud de su familia. Usted tiene el poder de tomar decisiones informadas que nutrirán el bienestar de su familia por muchos años.

01

Capítulo 1: Introducción a una alimentación saludable económica

La importancia de una alimentación saludable para las familias

Comer saludablemente es una base fundamental para las familias que desean prosperar en el mundo acelerado de hoy. Como padres ocupados, a menudo tienen que equilibrar múltiples responsabilidades, desde el trabajo hasta las actividades escolares, lo que facilita pasar por alto la importancia de la nutrición. Sin embargo, dar prioridad a una alimentación saludable puede llevar a una mejora en los niveles de energía, mayor concentración para sus hijos y un sistema inmunológico más fuerte para toda la familia. Al hacer pequeños cambios intencionales en la dieta familiar, pueden crear una base para hábitos saludables de por vida que beneficiarán a todos.

Una de las mayores ventajas de una alimentación saludable es su impacto en el bienestar general. Los alimentos nutritivos proporcionan vitaminas y minerales esenciales que apoyan el crecimiento y desarrollo de los niños, mientras ayudan a los adultos a mantener su salud. Incorporar una variedad de frutas, verduras, granos integrales y proteínas magras en las comidas familiares puede mejorar el estado de ánimo y promover mejores patrones de sueño. Cuando nutren sus cuerpos con alimentos saludables, allanan el camino para días más felices y enérgicos, llenos de risas compartidas y actividad.

Comer saludablemente con un presupuesto limitado no solo es posible; también puede ser agradable. Planear las comidas juntos como familia puede convertir las compras en una actividad divertida, donde se escuchan y se respetan las preferencias de todos. Involucrar a sus hijos en la cocina no solo les enseña habilidades culinarias valiosas, sino que también los anima a probar nuevos alimentos. Al convertir las comidas saludables en un asunto familiar, fomentarán una relación positiva con la comida y generarán un sentido de orgullo en las decisiones alimenticias de la familia.

Además, una alimentación saludable puede reducir significativamente los costos de atención médica a largo plazo. Cuando las familias dan prioridad a las comidas nutritivas, pueden ayudar a prevenir enfermedades crónicas como la obesidad, la diabetes y las enfermedades del corazón. Aunque la inversión inicial en alimentos frescos e integrales pueda parecer intimidante, el ahorro en facturas médicas y la mejora general en la calidad de vida pueden ser sustanciales. Al enfocarse ahora en una alimentación saludable y económica, están preparando a su familia para un futuro más brillante y saludable.

En última instancia, la importancia de una alimentación saludable para las familias no puede ser exagerada. Es una herramienta poderosa que fomenta la salud física, la estabilidad emocional y la unión familiar. A medida que navegan por los desafíos de una vida familiar ocupada, recuerden que tomar decisiones conscientes y saludables puede traer una gran cantidad de beneficios. Abracen juntos el camino hacia una alimentación saludable y observen cómo la salud, la felicidad y la unidad de su familia florecen.

Comprender su presupuesto

Comprender su presupuesto es un primer paso crucial para lograr una dieta saludable y satisfactoria para su familia sin gastar de más. Como padres ocupados, puede ser fácil sentirse abrumados por la gran cantidad de responsabilidades financieras que enfrentan. Sin embargo, tomarse el tiempo para evaluar el presupuesto familiar puede darles el poder de tomar decisiones informadas sobre las compras y la planificación de las comidas. Con un poco de esfuerzo, pueden crear un presupuesto que permita comidas nutritivas, asegurando que su familia coma bien mientras cuidan sus finanzas.

Comience por rastrear sus hábitos de gasto actuales. Analice sus gastos mensuales, enfocándose en los costos de alimentos. Este ejercicio proporcionará una idea de a dónde va su dinero y destacará las áreas donde podrían estar gastando de más. ¿Comen fuera con frecuencia o compran comidas preenvasadas? Identificar estos patrones puede motivarlos a enfocarse más en cocinar en casa, lo cual a menudo es más saludable y económico. Recuerde, cada pequeño cambio que hagan puede conducir a ahorros significativos con el tiempo, permitiéndoles destinar más fondos a ingredientes frescos.

Una vez que tenga una comprensión clara de sus gastos, establezca metas realistas de presupuesto para las compras. Considere las necesidades dietéticas y preferencias de su familia, y determine cuánto pueden gastar cómodamente cada semana o mes. Es esencial encontrar un equilibrio entre mantener una dieta saludable y seguir su plan financiero. Busque maneras de incorporar más alimentos integrales, productos de temporada y artículos a granel en sus comidas. Estas opciones no solo mejoran la nutrición, sino que también pueden ayudar a estirar el presupuesto.

La planificación de comidas es otra estrategia efectiva que puede ayudar a mantenerse dentro del presupuesto. Al preparar un menú y una lista de compras semanales, pueden evitar compras impulsivas y reducir el desperdicio de alimentos. Involucren a sus hijos en este proceso; puede ser una actividad familiar divertida que les enseñe sobre la alimentación saludable y la administración del dinero. Elijan recetas que usen ingredientes similares para maximizar sus compras y minimizar el desperdicio. Esta práctica no solo ahorra dinero, sino que también simplifica el proceso de cocina, facilitando la preparación de comidas nutritivas durante la semana.

Por último, recuerden que presupuestar para una alimentación saludable es un viaje, no un destino. Puede llevar tiempo encontrar el equilibrio adecuado y hacer ajustes a medida que la familia crece o cambia. Celebren sus logros, por pequeños que sean, y aprendan de cualquier tropiezo. Con paciencia y persistencia, desarrollarán un presupuesto que funcione para su familia y respalde un estilo de vida saludable. Aprovechen esta oportunidad para crear juntos comidas deliciosas y económicas que nutran tanto sus cuerpos como el vínculo familiar.

Fundamentos de la planificación de comidas

La planificación de comidas es una habilidad esencial para padres ocupados y familias jóvenes que buscan comer saludablemente mientras se mantienen dentro del presupuesto. No solo ahorra tiempo durante la semana, sino que también ayuda a reducir el desperdicio de alimentos y fomenta una alimentación consciente. Al dedicar un poco de tiempo cada semana a planificar las comidas, las familias pueden disfrutar de una variedad de alimentos nutritivos sin el estrés de tomar decisiones de último minuto. Con unas cuantas estrategias simples, la planificación de comidas puede convertirse en una parte agradable de su rutina que beneficia a todos en la mesa.

Comience por evaluar las necesidades y preferencias de su familia. Considere las restricciones dietéticas, los alimentos favoritos y la cantidad de comidas que necesita preparar cada semana. Esto le dará una base clara para su plan de comidas. Involucre a sus hijos en el proceso permitiéndoles sugerir comidas o ayudar con la planificación. Esto no solo los emociona por la comida que van a comer, sino que también les enseña habilidades valiosas para elegir y preparar comidas saludables. Recuerde, el objetivo es crear un plan que funcione para el estilo de vida único de su familia.

Luego, cree un plan de comidas flexible pero estructurado. Busque un equilibrio entre proteínas, granos integrales, frutas y verduras a lo largo de la semana. Podría asignar ciertas noches para tipos específicos de comidas, como los lunes sin carne o los martes de tacos, lo que puede ayudar a simplificar la toma de decisiones. Incorpore las sobras en su plan para minimizar el tiempo de cocción y reducir el desperdicio. Al preparar porciones más grandes de ciertas comidas, podrán disfrutarlas nuevamente más adelante en la semana, aprovechando al máximo el presupuesto de compras y el tiempo en la cocina.

Comprar con inteligencia es una parte vital de una planificación de comidas exitosa. Haga una lista de compras basada en su plan de comidas y cúmplala para evitar compras impulsivas. Busque ofertas y descuentos en productos de temporada y artículos básicos, y considere comprar al por mayor productos no perecederos. No evite las marcas genéricas, que a menudo ofrecen la misma calidad a un precio más bajo. Planificar sus comidas en función de lo que está en oferta no solo ahorra dinero, sino que también fomenta la creatividad en la cocina al adaptar las comidas a lo que está disponible.

Finalmente, no olvide ser amable consigo mismo durante el proceso. La planificación de comidas es un viaje, y puede tomar tiempo encontrar lo que mejor funciona para su familia. Acepte la curva de aprendizaje y haga ajustes según sea necesario. Celebre sus logros, ya sea al probar una nueva receta o al seguir su plan durante la semana. Con un poco de práctica, la planificación de comidas puede transformar su forma de abordar las comidas familiares, haciendo que comer saludablemente sea tanto posible como placentero dentro de un presupuesto.

02

Capítulo 2: Desayunos rápidos y fáciles

Batidos energizantes

Los batidos energizantes son una manera fantástica para que los padres ocupados y las familias jóvenes incorporen ingredientes nutritivos en su rutina diaria sin gastar demasiado. Estas deliciosas mezclas no solo ofrecen una opción de comida rápida, sino que también están llenas de vitaminas, minerales y nutrientes que aumentan la energía. Con un poco de creatividad y algunos ingredientes básicos, puede preparar batidos que encantarán a toda la familia, haciendo que comer saludablemente sea algo agradable y económico.

Una de las mejores cosas de los batidos es su versatilidad. Puede adaptarlos según las preferencias de sabor y necesidades dietéticas de su familia, utilizando frutas y verduras de temporada para mantener bajos los costos. Por ejemplo, si tiene algunos plátanos maduros en el mostrador, mézclelos con espinacas, yogur y un chorrito de leche para una bebida cremosa y energizante. Las frutas congeladas también son una opción económica que añaden dulzura y nutrientes a sus bebidas, además de mantenerlas frías y refrescantes. ¡Experimente con diferentes combinaciones y descubra lo que más le gusta a su familia!

Para maximizar los beneficios para la salud de sus batidos, considere añadir un puñado de extras nutritivos. Ingredientes como avena, semillas de chía o mantequilla de nueces no solo mejoran el sabor, sino que también aumentan el contenido de fibra y proteínas, manteniendo a todos satisfechos por más tiempo. Estas simples adiciones pueden transformar un batido básico en una comida equilibrada, perfecta para el desayuno o un refrigerio por la tarde. Además, involucrar a sus hijos en el proceso de preparación del batido puede ser una forma divertida de enseñarles sobre alimentación saludable y animarlos a probar nuevos alimentos.

Preparar batidos puede ahorrar tiempo a las familias ocupadas. Con solo unos minutos por la mañana o después de la escuela, puede crear una bebida nutritiva que impulse el día de su familia. Para simplificar el proceso, considere preparar paquetes de batidos con antelación. Separe porciones de sus frutas y verduras favoritas en bolsas para congelar, de modo que solo tenga que vaciar una bolsa en la licuadora junto con el líquido de su preferencia. Esto no solo ahorra tiempo, sino que también reduce el desperdicio de alimentos, ya que puede utilizar los productos antes de que se echen a perder.

Por último, no subestime el poder de los batidos para fomentar la unión familiar. Reúna a todos en la cocina y permita que cada miembro de la familia elija un ingrediente para añadir a la mezcla. Este esfuerzo colaborativo puede dar lugar a nuevas combinaciones de sabores y crear recuerdos duraderos en el proceso. Al hacer de los batidos energizantes una parte habitual de la rutina familiar, fomentará el amor por la alimentación saludable mientras asegura que su estilo de vida ocupado esté alineado con sus objetivos económicos. ¡Disfrute cada sorbo y celebre los hábitos saludables que está inculcando en su familia!

Platos saludables con huevos

Los huevos son un alimento básico en muchos hogares, y con razón. No solo son asequibles, sino también increíblemente versátiles, lo que los convierte en un ingrediente ideal para familias ocupadas que buscan preparar comidas rápidas y saludables. Ya sean revueltos, escalfados o al horno, los huevos pueden transformarse en una variedad de platos que son tanto nutritivos como satisfactorios. Incorporar huevos en la dieta de su familia puede ayudarle a cumplir con las necesidades alimenticias sin gastar de más, asegurando que todos estén bien alimentados y llenos de energía para el día que comienza.

Una de las formas más simples de disfrutar los huevos es con un clásico plato de huevos revueltos. Al agregar verduras como espinaca, tomate o pimientos, puede aumentar el valor nutricional mientras mantiene el tiempo de preparación al mínimo. Un poco de queso rallado o una pizca de hierbas puede realzar el sabor sin necesidad de técnicas de cocina elaboradas. Este plato se puede adaptar fácilmente a los gustos de su familia y es perfecto para el desayuno, el almuerzo o incluso la cena. Además, puede prepararlo en solo unos minutos, lo que lo convierte en una opción ideal para esas mañanas agitadas.

Para las familias que desean incorporar aún más nutrición, consideren preparar una frittata. Este plato de huevos al horno no solo es abundante, sino también una manera fantástica de aprovechar las verduras y proteínas que hayan sobrado. Simplemente bata los huevos, agregue los ingredientes de su elección y hornee en el horno. Las frittatas son una excelente opción para preparar con anticipación, lo que le permite cortar y servir durante la semana, asegurando que siempre haya comidas saludables disponibles. Incluso puede servirse fría como una opción refrescante para el almuerzo, convirtiéndola en una adición versátil a su colección de recetas.

Otra opción encantadora es preparar muffins de huevo. Estas delicias en porciones pequeñas son perfectas para las mañanas ocupadas y se pueden personalizar según las preferencias de su familia. Al mezclar huevos con verduras picadas, queso y carnes cocidas, puede hacer una tanda de muffins cargados de proteínas y fáciles de llevar. Se congelan muy bien, por lo que puede preparar una gran cantidad y almacenarlos para esos días en los que el tiempo es limitado. De esta manera, no tendrá que sacrificar la salud por conveniencia, y su familia podrá disfrutar de un desayuno nutritivo cualquier día de la semana.

Por último, no subestime la belleza de los simples huevos hervidos. Son una excelente fuente de proteína y pueden prepararse con anticipación para usarlos como refrigerios rápidos o componentes de las comidas. Los huevos hervidos pueden cortarse en ensaladas, colocarse sobre pan integral tostado o simplemente disfrutarse con una pizca de sal y pimienta. Son portátiles y pueden llevarse en salidas, asegurando que su familia tenga refrigerios saludables disponibles en todo momento. Al integrar platos saludables con huevos en su plan de comidas semanal, no solo está proporcionando nutrientes esenciales, sino también fomentando el amor por la alimentación saludable que beneficiará a su familia a largo plazo.

03

Capítulo 3: Almuerzos saludables con bajo presupuesto

Arma tus propios wraps

Los wraps son una forma fantástica de hacer que las comidas sean divertidas y nutritivas, especialmente para padres ocupados y familias jóvenes. Ofrecen infinitas posibilidades de personalización, lo que permite que cada miembro de la familia adapte su comida a su gusto. Esta flexibilidad no solo convierte a los wraps en un éxito entre los niños, sino que también ayuda a los padres a estirar su presupuesto de compras mientras se aseguran de que todos coman de manera saludable. Al incorporar una variedad de ingredientes, puede crear wraps deliciosos, rápidos de preparar y llenos de nutrientes esenciales.

Comience eligiendo una base para su wrap. Las tortillas integrales, las hojas de lechuga o incluso los panes planos son excelentes opciones. Las tortillas integrales proporcionan fibra y carbohidratos complejos, mientras que las hojas de lechuga son una alternativa refrescante y baja en calorías. Los panes planos pueden añadir una textura y un sabor diferentes a su comida. ¡Una vez que tenga la base, comienza la diversión! Reúna verduras frescas, proteínas y untables que le gusten a su familia. Zanahorias, pimientos, pepinos y espinacas no solo aportan color y crocancia, sino que también aumentan el valor nutricional de los wraps.

A continuación, seleccione su fuente de proteína. Opciones como pollo a la parrilla, rebanadas de pavo o frijoles enlatados son económicas y fáciles de preparar. También puede considerar proteínas de origen vegetal como hummus, tofu o garbanzos para una opción nutritiva. Involucrar a sus hijos en la elección de las proteínas puede hacer que se entusiasmen más con lo que están comiendo, transformando la comida en una actividad familiar divertida. Anímelos a elegir sus favoritos, fomentando un sentido de pertenencia y promoviendo hábitos alimenticios saludables.

No olvide añadir deliciosos untables y condimentos para realzar el sabor de sus wraps. Una capa de aguacate, una cucharada de yogur o un chorrito de su aderezo favorito pueden llevar sus wraps al siguiente nivel. Estos toques sabrosos no solo mejoran el gusto, sino que también aportan grasas saludables y probióticos beneficiosos para la digestión. Experimente con diferentes combinaciones para mantener las comidas interesantes y anime a su familia a probar nuevos sabores. Podrían descubrir un nuevo favorito que encante a todos.

Por último, haga del armado de wraps una actividad familiar. Prepare una "estación de wraps" donde cada persona pueda armar su propia creación.

Esto no solo hace que las comidas sean interactivas, sino que también permite que todos coman lo que más les gusta. Al involucrar a los niños en la preparación, les enseña valiosas habilidades culinarias y fomenta hábitos alimenticios más saludables. Además, es una excelente oportunidad para pasar tiempo de calidad en familia a pesar de las agendas ocupadas. Con este enfoque de "arma tu propio wrap", puede crear comidas rápidas, saludables, económicas y al gusto de todos.

Ensaladas nutritivas

Las ensaladas nutritivas son una forma fantástica para que los padres ocupados incorporen una gran cantidad de nutrientes en la dieta de su familia sin gastar demasiado. Se pueden preparar rápidamente, a menudo en menos de 30 minutos, y pueden servirse como plato principal o acompañamiento. Al utilizar verduras de temporada, legumbres enlatadas y granos enteros, puede crear ensaladas abundantes que sean tanto satisfactorias como nutritivas. Además, estas comidas pueden personalizarse según las preferencias de su familia, lo que las convierte en una solución perfecta para los comensales exigentes.

Al planificar sus ensaladas, piense en incorporar una variedad de colores y texturas. Esto no solo hace que el plato sea visualmente atractivo, sino que también garantiza una gama amplia de vitaminas y minerales. Comience con una base de hojas verdes como espinaca, kale o lechuga romana. Agregue verduras coloridas como pimientos, tomates cherry y zanahorias para darle crocancia. No olvide incluir fuentes de proteína como pollo a la parrilla, tofu o frijoles, que ayudan a mantener a todos satisfechos por más tiempo, convirtiendo la ensalada en una comida equilibrada que apoya estilos de vida activos.

Para esas noches en las que el tiempo escasea, considere preparar los ingredientes con antelación. Puede lavar y picar las verduras durante el fin de semana y guardarlas en recipientes herméticos en el refrigerador. Esta estrategia ahorra tiempo durante la semana y facilita armar una ensalada rápida. También puede utilizar las proteínas sobrantes de la cena del día anterior, reduciendo el desperdicio y agregando más nutrientes a su ensalada sin costo adicional.

Aderezar su ensalada puede ser una oportunidad divertida para experimentar con sabores. En lugar de usar aderezos comprados en la tienda, que pueden tener altos niveles de azúcar y conservantes, prepare una versión casera simple con aceite de oliva, vinagre y las hierbas y especias favoritas de su familia. No solo es más saludable, sino que también le permite controlar los ingredientes y ajustar los sabores según sus gustos. Anime a sus hijos a participar dejando que elijan sus ingredientes favoritos para el aderezo, convirtiéndolo en una actividad familiar divertida.

Por último, recuerde que las ensaladas pueden ser una excelente manera de introducir nuevos alimentos en la dieta de su familia. Úselas como un lienzo para probar diferentes granos como quinoa o farro, o agregue ingredientes inesperados como nueces y semillas para más crocancia y nutrición. Al hacer de las ensaladas una parte habitual de sus comidas, no solo promueve hábitos alimenticios saludables, sino que también crea oportunidades de unión familiar mientras disfrutan juntos de comida deliciosa y casera. Las ensaladas nutritivas no son solo comidas, son una celebración de la salud y la felicidad para las familias ocupadas.

Reinvención de las sobras

Transformar las sobras en comidas deliciosas puede marcar la diferencia para los padres ocupados que desean ahorrar tiempo y dinero en la cocina. En lugar de dejar que la comida no consumida se quede olvidada en el refrigerador, considérela como una oportunidad para crear algo nuevo y emocionante. Lo mejor de las sobras es que, a menudo, son más versátiles de lo que uno piensa. Con solo un poco de creatividad, puede convertir la cena de anoche en un nuevo plato favorito de la familia en muy poco tiempo.

Una de las formas más simples de renovar las sobras es incorporarlas en salteados. Si tiene verduras, granos o proteínas extra de la comida anterior, colóquelas en una sartén caliente con un poco de salsa de soya o su condimento favorito. Esto no solo le ayuda a limpiar el refrigerador, sino que también le permite crear un plato colorido y nutritivo que encantará a sus hijos. Agregue hierbas frescas o un poco de nueces para un toque crujiente y un impulso de sabor. Su familia se sorprenderá de lo delicioso que puede ser un simple salteado, y usted se sentirá bien al reducir el desperdicio de alimentos.

Otra forma fantástica de dar nueva vida a las sobras es convertirlas en wraps o sándwiches. Pollo asado, pavo o incluso verduras a la parrilla que hayan sobrado pueden colocarse en tortillas integrales con hojas frescas, hummus o un aderezo a base de yogur. A los niños les encanta la diversión de comer con las manos, y los wraps son una excelente forma de incluir esas verduras que quedaron. Esta opción es rápida de preparar y permite que cada quien personalice su comida a su gusto. Además, es una excelente manera de introducir nuevos ingredientes en un formato familiar.

Los guisos o cazuelas también son una excelente solución para reinventar sobras. Reúna las proteínas, granos o verduras que tenga a mano y combínelos en una fuente para hornear con una salsa simple o caldo. Cubra con queso o pan rallado y hornee hasta que esté burbujeante. Las cazuelas son flexibles y se adaptan fácilmente, lo que le permite usar lo que tiene sin necesidad de seguir una receta específica. Esto no solo ahorra tiempo, sino que también resulta en una comida reconfortante que puede disfrutarse durante varios días, lo que significa más tiempo para actividades en familia y menos tiempo cocinando.

Por último, no subestime el poder de las sopas y los batidos para aprovechar las sobras. Si tiene verduras que ya están cerca de echarse a perder, colóquelas en una olla con caldo, condimentos y cualquier grano que haya sobrado para una sopa sustanciosa. Para las frutas, simplemente licúelas con yogur o leche para obtener un batido refrescante como merienda o desayuno. Estas opciones no solo son económicas, sino que también fomentan hábitos de alimentación saludable en su familia. Involucrar a sus hijos en la cocina para ayudar con estas transformaciones también puede convertir la preparación de comidas en una actividad divertida en familia, reforzando la importancia de reducir el desperdicio y aprovechar al máximo cada ingrediente.

04

Capítulo 4: Cenas simples y satisfactorias

Comidas en una sola sartén

Las comidas en una sola sartén son un salvavidas para los padres ocupados que navegan por los horarios agitados de la vida familiar. Con solo un recipiente que limpiar, estas comidas simplifican la preparación de la cena y le permiten enfocarse más en pasar tiempo de calidad con sus seres queridos.

La belleza de las comidas en una sola sartén radica no solo en su facilidad, sino también en su versatilidad. Puede combinar diversos ingredientes, desde proteínas y verduras hasta granos, todo en una sola bandeja para hornear o sartén. Esto significa que puede preparar cenas nutritivas sin la molestia de usar múltiples ollas y sartenes, lo que representa una ventaja tanto para su tiempo como para su cocina.

Crear deliciosas comidas en una sola sartén no requiere recetas elaboradas ni ingredientes costosos. De hecho, muchos de los componentes pueden obtenerse de su despensa o de la tienda local a precios accesibles. Alimentos básicos como arroz, pasta o quinoa sirven como la base perfecta, mientras que las verduras de temporada añaden frescura y sabor. Al incorporar proteínas económicas como frijoles, huevos o muslos de pollo, puede crear fácilmente una comida completa y saludable sin afectar su presupuesto. Con un poco de creatividad, descubrirá que una simple combinación de ingredientes puede convertirse en un plato satisfactorio que toda la familia disfrutará.

Uno de los aspectos más atractivos de las comidas en una sola sartén es el tiempo que ahorran. Después de un largo día de trabajo, escuela y actividades, lo último que uno quiere es pasar horas en la cocina. La mayoría de las recetas de una sola sartén pueden prepararse en 30 minutos o menos. Con una preparación mínima, puede mezclar todos los ingredientes y dejar que el horno o la estufa hagan el trabajo pesado. Esto le permite pasar más tiempo con su familia, ya sea compartiendo historias del día durante la cena o disfrutando juntos de una noche de juegos. Adoptar las comidas en una sola sartén puede ayudar a cambiar el enfoque de cocinar a conectar.

Otra ventaja de las comidas en una sola sartén es la oportunidad de involucrar a los niños en el proceso de cocina. Los niños pueden ayudar a lavar verduras, medir ingredientes o incluso mezclar todo. Esto no solo les enseña habilidades valiosas en la cocina, sino que también fomenta el sentido de responsabilidad y el trabajo en equipo. Cuando los niños forman parte de la experiencia culinaria, suelen estar más dispuestos a probar nuevos alimentos y a valorar el esfuerzo que conlleva preparar las comidas. Es una excelente manera de inculcar hábitos alimenticios saludables y crear recuerdos duraderos juntos en la cocina.

Por último, las comidas en una sola sartén ofrecen una excelente manera de aprovechar las sobras. Cocinar en grandes cantidades significa que puede disfrutar de una cena deliciosa hoy y tener un almuerzo ya preparado para mañana. Muchos platos de una sola sartén saben incluso mejor al día siguiente, cuando los sabores se han mezclado bien. Esto no solo contribuye a un enfoque más sostenible de la planificación de comidas, sino que también reduce el desperdicio de alimentos, lo que lo convierte en una opción inteligente para las familias con conciencia presupuestaria. Con un poco de planificación, puede transformar su rutina de comidas, asegurando que cada cena sea rápida, saludable y placentera para toda la familia.

Comidas reconfortantes en olla de cocción lenta

Las ollas de cocción lenta son un cambio de juego para las familias ocupadas, ya que ofrecen una solución sencilla al dilema diario de la preparación de la cena. Con solo un poco de planificación, puede transformar ingredientes económicos en comidas abundantes que nutren tanto el cuerpo como el alma. La belleza de la cocción lenta radica en su capacidad para crear sabores complejos con un esfuerzo mínimo, permitiéndole llegar a casa y disfrutar de una comida caliente y acogedora después de un largo día de trabajo, escuela y actividades. Adoptar el uso de la olla de cocción lenta significa pasar menos tiempo en la cocina y más tiempo disfrutando de momentos valiosos con sus seres queridos.

Uno de los aspectos más atractivos de la cocción lenta es su versatilidad. Puede preparar una amplia variedad de platos, desde guisos y sopas sabrosas hasta asados tiernos y cazuelas llenas de sabor. Cortes de carne económicos, como los muslos de pollo o el lomo de res, se vuelven increíblemente tiernos al cocinarlos durante horas. También puede incorporar verduras, legumbres y granos accesibles, transformando ingredientes básicos en comidas satisfactorias que a todos les encantarán. Este enfoque no solo ayuda a mantener bajos los gastos del supermercado, sino que también le permite experimentar con productos de temporada, haciendo que sus comidas sean saludables y variadas.

Además, cocinar lentamente es una excelente manera de incorporar más nutrición en la alimentación de su familia. Al comenzar con una base de verduras, legumbres o granos enteros, puede crear una base saludable para sus comidas. Agregar especias y hierbas puede elevar los sabores al mismo tiempo que aporta diversos beneficios para la salud. Por ejemplo, la cúrcuma y el jengibre ofrecen propiedades antiinflamatorias, mientras que el ajo y la cebolla no solo añaden sabor, sino también nutrientes importantes. La olla de cocción lenta permite que estos sabores se mezclen a la perfección, dando como resultado platos que no solo son reconfortantes, sino también llenos de bondades.

Otra ventaja de la cocción lenta es la comodidad que ofrece. Preparar una comida por la mañana antes de salir significa que puede simplemente programarla y olvidarse, dejando sus tardes libres para disfrutar en familia. Muchas recetas de olla de cocción lenta requieren una preparación mínima, lo que le permite cortar unas cuantas verduras y poner todo en la olla. Con un poco de creatividad, incluso puede transformar las sobras en nuevas comidas, reduciendo el desperdicio de alimentos y aprovechando al máximo su presupuesto. Esta flexibilidad es especialmente útil para padres ocupados que deben equilibrar el trabajo, los horarios escolares y las actividades extracurriculares.

A medida que se adentra en el mundo de las comidas reconfortantes con olla de cocción lenta, recuerde que la clave está en disfrutar el proceso. Comience con recetas ya probadas y, poco a poco, hágales ajustes según los ingredientes favoritos de su familia o modifique los condimentos para adaptarlos a su gusto. La alegría de cocinar lentamente no está solo en el plato final, sino también en la experiencia de crear comidas que reúnen a su familia. Con cada deliciosa preparación, no solo nutrirá los cuerpos de sus seres queridos, sino que también fortalecerá los lazos que hacen de su casa un verdadero hogar.

Opciones rápidas de salteados

Las opciones rápidas de salteados son un salvavidas para los padres ocupados que buscan preparar comidas nutritivas sin pasar horas en la cocina. Con solo unos pocos ingredientes frescos y una sartén caliente, puede preparar un plato delicioso que encantará a toda la familia. El salteado permite una variedad de sabores y texturas, lo que lo convierte en una excelente opción para complacer a los comensales exigentes mientras se asegura de que todos reciban una buena dosis de verduras. Además, es una forma ideal de aprovechar cualquier ingrediente que tenga a mano, minimizando el desperdicio y maximizando su presupuesto de compras.

Una de las opciones de salteado más simples es un clásico salteado de verduras. Reúna las verduras que tenga—brócoli, pimientos, zanahorias o tirabeques funcionan maravillosamente. Saltéelas en una sartén caliente con un chorrito de aceite y sus condimentos favoritos, como salsa de soya o ajo. En solo unos minutos, tendrá un plato colorido y vibrante. Para hacerlo más completo, considere añadir una fuente de proteína como pollo, tofu o camarones. Esta flexibilidad significa que puede crear un plato nuevo cada vez según lo que haya disponible en su refrigerador.

Para las familias con niños pequeños, un salteado de pollo con brócoli puede ser un éxito. Simplemente corte el pollo en trozos del tamaño de un bocado y saltéelos hasta que estén dorados. Agregue ramilletes de brócoli y un chorrito de salsa de soya baja en sodio para dar sabor. Este plato no solo proporciona una comida equilibrada, sino que también anima a los niños a disfrutar de las verduras sin protestas. Sírvalo sobre arroz integral o quinoa para un impulso extra de fibra, convirtiéndolo en una cena completa que apoya el crecimiento y desarrollo saludable.

Si el tiempo es esencial, considere preparar un salteado en una sola sartén. Usar verduras precortadas o mezclas congeladas para salteado puede ahorrar un tiempo de preparación valioso. Caliente una sartén, agregue la proteína de su elección y añada directamente las verduras. Sazone con una mezcla de jengibre, ajo y un toque de aceite de sésamo para un sabor auténtico. Este método mantiene la limpieza al mínimo, permitiéndole pasar más tiempo con su familia en lugar de lavar platos, lo cual es una ventaja para los padres ocupados.

Por último, no olvide el poder de la creatividad en sus aventuras de salteado. Experimente con diferentes salsas, como teriyaki o agridulce, para mantener las comidas emocionantes. También puede introducir granos enteros como farro o cebada en lugar de arroz blanco para agregar más nutrición. El salteado no se trata solo de rapidez; también se trata de variedad y sabor. Al involucrar a sus hijos en el proceso de cocina, puede enseñarles habilidades valiosas en la cocina mientras los anima a probar nuevos alimentos. Con estas opciones rápidas de salteado, comer saludablemente puede ser tanto delicioso como alcanzable para las familias ocupadas con un presupuesto limitado.

05

Capítulo 5: Bocadillos asequibles para niños

Bocaditos energéticos caseros

Los bocaditos energéticos caseros son una solución fantástica para los padres ocupados que desean ofrecer refrigerios saludables sin gastar de más. Estas delicias sin hornear no solo son fáciles de preparar, sino que también están llenas de nutrientes que pueden alimentar el día de su familia. Con unos pocos ingredientes simples, puede preparar una variedad de sabores que se adapten al gusto de su familia, haciendo que la hora del refrigerio sea tanto agradable como nutritiva. Invertir un poco de tiempo en la cocina puede dar como resultado opciones deliciosas que mantendrán a su familia con energía y satisfecha.

Uno de los mejores aspectos de los bocaditos energéticos es su versatilidad. Puede personalizarlos según lo que tenga a mano o lo que prefiera su familia. Las recetas básicas suelen incluir avena, mantequilla de nuez y miel, pero siéntase libre de añadir extras como chispas de chocolate, frutas secas, semillas o especias. Esta flexibilidad le permite aprovechar productos básicos, reducir el desperdicio de alimentos y ahorrar dinero. Los niños incluso pueden participar en la preparación, mezclando y formando las bolitas, lo que convierte la cocina en una actividad familiar divertida que fomenta hábitos saludables.

Los bocaditos energéticos caseros no solo son económicos, sino que también le permiten controlar los ingredientes, asegurando que su familia consuma alimentos naturales y saludables. Los refrigerios comprados a menudo contienen azúcares ocultos y conservantes, pero al preparar los bocaditos en casa, puede optar por alternativas más sanas. Elegir edulcorantes naturales, granos enteros y grasas saludables significa que está nutriendo a su familia con cada bocado. Además, saber exactamente qué contienen sus refrigerios puede brindarle tranquilidad como padre.

Para aprovechar al máximo sus bocaditos energéticos, considere preparar una gran cantidad al comienzo de la semana. Guárdelos en el refrigerador o congelador para tener acceso rápido durante los días ocupados. De esta manera, cuando aparezca el hambre, tendrá una opción saludable lista para llevar, eliminando la tentación de refrigerios más procesados. Estos bocaditos son perfectos como refrigerio después de la escuela, impulso antes del ejercicio o incluso una rápida dosis de energía durante un día ajetreado de diligencias. Con un poco de planificación, puede asegurarse de que su familia tenga opciones nutritivas siempre disponibles.

Incorporar bocaditos energéticos caseros en la rutina de su familia es un excelente paso hacia una alimentación más saludable sin el estrés de recetas complicadas o costos elevados. Abrace la alegría de crear estos refrigerios simples en conjunto y observe cómo sus hijos desarrollan el gusto por los alimentos nutritivos. Al hacer de los bocaditos energéticos un elemento habitual en su cocina, no solo ahorrará dinero, sino que también promoverá un estilo de vida de alimentación saludable que su familia sabrá apreciar. ¡Disfrute el proceso, experimente con sabores y, lo más importante, diviértanse mientras emprenden juntos este delicioso camino!

Paquetes de frutas y verduras frescas

Los paquetes de frutas y verduras frescas son una excelente manera para que los padres ocupados se aseguren de que sus familias obtengan los nutrientes que necesitan sin pasar horas en la cocina. Estos paquetes no solo son fáciles de preparar, sino también económicos, lo que los convierte en una opción ideal para las familias que desean comer saludablemente sin afectar su presupuesto. Al incorporar una variedad de frutas y verduras coloridas, puede crear refrigerios visualmente atractivos que entusiasmen a los niños y los animen a tomar decisiones más saludables.

Crear paquetes de frutas y verduras frescas es un proceso simple que requiere poco tiempo y esfuerzo. Comience seleccionando frutas y verduras de temporada, ya que suelen ser más económicas y sabrosas. Zanahorias, pepinos, pimientos, fresas y manzanas son opciones populares que generalmente son bien recibidas por los niños. Dedique unos minutos a lavar, cortar y empacar estos alimentos en porciones individuales. Al prepararlos con anticipación, podrá tomar fácilmente un paquete cuando esté fuera de casa, asegurando que siempre haya refrigerios saludables al alcance.

Involucrar a sus hijos en la creación de estos paquetes puede hacer que la alimentación saludable sea aún más divertida. Permítales elegir sus frutas y verduras favoritas en el supermercado y participar en el proceso de preparación. Esto no solo les enseña sobre la alimentación saludable, sino que también les da un sentido de propiedad sobre sus elecciones alimenticias. Cuando los niños están involucrados, es más probable que coman lo que ayudaron a preparar, haciendo que la hora de la comida y los refrigerios sea una experiencia agradable para toda la familia.

Para añadir un toque divertido a los paquetes de frutas y verduras frescas, considere incluir dips o untables sencillos. Hummus, yogur o mantequilla de nueces pueden aumentar el atractivo de las frutas y verduras crudas, haciéndolas más apetecibles para los niños pequeños. Estas adiciones también pueden aportar proteínas y grasas saludables, contribuyendo a un refrigerio más completo. Al experimentar con diferentes dips, puede mantener el interés y adaptarse a los gustos de su familia sin dejar de priorizar la salud.

En resumen, los paquetes de frutas y verduras frescas son una solución práctica para las familias ocupadas que buscan mantener hábitos de alimentación saludables con un presupuesto limitado. Son rápidos de preparar, se pueden personalizar según las preferencias individuales y ofrecen una forma encantadora de introducir más frutas y verduras en la dieta familiar. Al hacer de estos paquetes una parte regular de su rutina, está preparando a su familia para una vida de hábitos alimenticios saludables que serán tanto disfrutables como sostenibles.

Delicias con mantequillas de nueces naturales

Las delicias con mantequillas de nueces naturales son una manera fantástica de incorporar ingredientes nutritivos en la dieta de su familia, manteniendo las comidas emocionantes y deliciosas. Las mantequillas de nueces (sin grasas no saludables añadidas), ya sea de almendra, maní o anacardo, están llenas de proteínas, grasas saludables y vitaminas esenciales que apoyan el crecimiento y desarrollo de los niños. La buena noticia es que también son increíblemente versátiles y se pueden usar en una variedad de recetas que son rápidas de preparar y económicas. Con un poco de creatividad, estos untables deliciosos pueden transformar refrigerios y comidas cotidianas en favoritos saludables.

Una de las formas más simples de disfrutar la mantequilla de nueces natural es untándola sobre pan integral o tortitas de arroz. Esta combinación clásica ofrece una textura crujiente y satisfactoria, perfecta para un desayuno rápido o un refrigerio después de la escuela. Para elevar el sabor y la nutrición, considere añadir rodajas de plátano, fresas o una pizca de canela. Estas adiciones no solo realzan el sabor, sino que también aportan vitaminas y minerales extra a la dieta de su familia. Además, a sus hijos les encantarán los colores y texturas divertidas, haciendo que la hora de la comida sea una experiencia visualmente atractiva.

Las mantequillas de nueces naturales también pueden destacar en los batidos, aportando cremosidad y un impulso nutricional. Mezcle una o dos cucharadas de su mantequilla de nueces favorita con plátanos, espinaca, yogur y un chorrito de leche para un desayuno rápido que mantenga a todos llenos y con energía. ¡Es una excelente manera de incorporar verduras sin que sus hijos se den cuenta! También puede experimentar con combinaciones de sabores diferentes, como proteína de chocolate con mantequilla de maní o frutos rojos con mantequilla de almendra, para mantener las cosas interesantes y adaptarse a las preferencias de su familia.

Para esas noches ocupadas en las que necesita una solución rápida para la cena, la mantequilla de nueces puede transformarse en salsas deliciosas. Una salsa de maní simple hecha con mantequilla de maní natural, salsa de soya y un chorrito de vinagre puede elevar los vegetales salteados y los fideos a una comida abundante para toda la familia. Esta salsa no solo es fácil de preparar, sino que también le permite ser creativo con las verduras y proteínas que tenga a mano, asegurando que se mantenga dentro del presupuesto mientras ofrece una comida nutritiva que todos disfrutarán.

Por último, no subestime el poder de la mantequilla de nueces natural sin grasas añadidas en la repostería. Puede ser un sustituto fantástico de la mantequilla o el aceite en muchas recetas, reduciendo el contenido total de grasa mientras mantiene los postres húmedos y llenos de sabor. Considere hacer galletas con mantequilla de nueces natural, bolitas energéticas o incluso incorporarla en la avena para un desayuno saludable. Estas recetas no solo son económicas, sino que también le permiten involucrar a sus hijos en la cocina, enseñándoles habilidades culinarias valiosas mientras crean juntos recuerdos deliciosos. Las delicias con mantequillas de nueces naturales pueden convertirse fácilmente en un elemento básico del camino hacia una alimentación saludable en familia, demostrando que la comida nutritiva no tiene que ser aburrida ni costosa.

06

Capítulo 6: Postres aptos para toda la familia

Delicias saludables a base de frutas

Las delicias saludables a base de frutas pueden ser una forma encantadora de introducir refrigerios nutritivos en la rutina de su familia sin afectar el presupuesto. Los padres ocupados a menudo luchan por encontrar opciones rápidas y saludables que resulten atractivas para los niños, pero la fruta ofrece una base versátil para crear golosinas deliciosas que todos amarán. Al incorporar ingredientes frescos y sencillos, puede preparar refrigerios satisfactorios que no solo saben bien, sino que también contribuyen al bienestar general de su familia.

Una de las formas más fáciles de disfrutar la fruta es haciendo paletas de frutas caseras. Todo lo que necesita son algunas frutas frescas, como plátanos, fresas o duraznos, y una licuadora. Combine las frutas elegidas con un poco de yogur o jugo, vierta la mezcla en moldes para paletas y congele. En solo unas horas, tendrá una golosina refrescante perfecta para los días calurosos. Esta es una manera fantástica de animar a sus hijos a comer más fruta mientras se divierten creando sus propios sabores.

Otra idea sencilla es preparar una ensalada de frutas que también puede funcionar como postre. Elija una variedad de frutas coloridas, como manzanas, naranjas, arándanos y uvas. Deje que sus hijos ayuden con la preparación lavando y cortando la fruta, lo que hará que se entusiasmen más por comer lo que ellos mismos ayudaron a crear. Puede realzar este plato con una pizca de canela o un chorrito de miel para darle más sabor. Esta delicia económica no solo es visualmente atractiva, sino que también está llena de vitaminas y minerales.

Si busca un refrigerio más completo, considere preparar bolitas energéticas de frutas y nueces. Combinando avena, mantequilla de nueces y frutas secas como pasas o albaricoques, estas bolitas son fáciles de preparar y proporcionan un impulso nutritivo de energía para los días ocupados. Simplemente mezcle los ingredientes en un tazón, forme bolitas pequeñas y refrigere. Estas delicias se pueden hacer en grandes cantidades y almacenar como una opción rápida para llevar, que mantendrá a su familia con energía durante todo el día.

Por último, no olvide el clásico helado de plátano, también conocido como "nice cream". Simplemente congele plátanos maduros y luego licúelos hasta obtener una textura suave y cremosa, para un postre sin lácteos que se siente indulgente sin culpa. Puede añadir cacao en polvo, mantequilla de maní o un chorrito de extracto de vainilla para darle variedad. Esta es una excelente manera de aprovechar los plátanos demasiado maduros y convertirlos en una delicia que los niños pedirán una y otra vez. Al hacer que estas delicias saludables a base de frutas formen parte habitual de los refrigerios familiares, puede inculcar hábitos alimenticios saludables mientras disfrutan juntos de opciones deliciosas y económicas.

Ideas de repostería sin culpa**

La repostería sin culpa puede ser una forma encantadora de involucrar a toda la familia mientras se mantiene la salud y el presupuesto en mente. Con los horarios ocupados, puede ser tentador recurrir a golosinas compradas en la tienda que tal vez no se alineen con los objetivos de salud de su familia. Sin embargo, con un poco de creatividad y algunos reemplazos simples, puede preparar deliciosas recetas caseras que todos adorarán sin gastar de más.

Comience con ingredientes saludables que ofrezcan beneficios nutricionales sin sacrificar el sabor. En lugar de azúcares refinados, considere usar endulzantes naturales como la miel o el jarabe de arce con moderación. Incorporar granos enteros, como harina de trigo integral o avena, puede añadir fibra y nutrientes a sus productos horneados. Por ejemplo, una receta simple de galletas de avena puede transformarse en una versión más saludable usando plátanos machacados o puré de manzana sin azúcar para reemplazar parte de la grasa y el azúcar. Esto no solo reduce las calorías, sino que también aporta humedad y sabor, haciendo que las galletas sean un éxito entre los niños.

Otra idea fantástica es experimentar incorporando frutas y verduras en sus recetas de repostería. Muffins de zanahoria, pan de calabacín o panqueques de plátano pueden convertirse en favoritos de la familia mientras aportan esos nutrientes esenciales de forma discreta. También puede convertir esto en una actividad divertida en familia permitiendo que sus hijos ayuden a mezclar los ingredientes. Esto no solo les enseña sobre la alimentación saludable, sino que también les da un sentido de participación en sus comidas, lo que hace que sea más probable que disfruten lo que ayudaron a preparar.

Considere el control de las porciones al hornear para evitar que estas delicias se vuelvan demasiado indulgentes. Muffins miniatura o brownies en porciones pequeñas pueden satisfacer el antojo de algo dulce sin excederse. Incluso puede preparar una tanda de bocaditos energéticos saludables usando avena, mantequilla de nueces natural y un toque de miel para un refrigerio rápido y fácil de llevar. Estos pequeños ajustes pueden ayudar a inculcar hábitos saludables en sus hijos mientras siguen celebrando las alegrías de hornear juntos.

Por último, recuerde que hornear de manera saludable no tiene que ser complicado ni llevar mucho tiempo. Muchas recetas se pueden preparar en menos de treinta minutos, lo que las hace perfectas para familias ocupadas. Con un poco de planificación, puede abastecer su despensa con ingredientes esenciales y disfrutar de sesiones de repostería divertidas que se integren fácilmente en su rutina. Disfrute la alegría de crear delicias caseras que todos puedan disfrutar, y observe cómo su familia desarrolla un amor por los refrigerios saludables hechos en casa.

Paletas de yogur congelado

Las paletas de yogur congelado son una delicia nutritiva que los padres ocupados pueden preparar fácilmente en casa, lo que las convierte en una adición perfecta a la rutina de alimentación saludable de su familia. Estas paletas no solo son simples de preparar, sino también económicas, permitiéndole crear refrigerios deliciosos sin afectar su presupuesto. Con solo unos pocos ingredientes y una preparación mínima, puede crear una variedad de sabores que a sus hijos les encantarán, todo mientras incorpora un extra de nutrición.

Para hacer paletas de yogur congelado, comience con una base de yogur natural, que es rico en proteínas y probióticos. Puede usar cualquier tipo de yogur que le guste a su familia, ya sea bajo en grasa, griego o alternativas sin lácteos. La belleza de esta receta está en su versatilidad; puede mezclar frutas frescas, un chorrito de miel o incluso un toque de extracto de vainilla para realzar el sabor. Involucre a sus hijos en el proceso dejándolos elegir sus frutas o ingredientes favoritos, convirtiendo la preparación en una actividad familiar divertida.

Una de las mejores cosas de las paletas de yogur congelado es la oportunidad que ofrecen para la creatividad. Intente mezclar yogur con frutas como fresas, plátanos o mangos para obtener un sabor refrescante. Incluso puede hacer capas con diferentes purés de frutas para crear paletas visualmente atractivas que entusiasmen a sus hijos. Para agregar textura, considere mezclar granola o nueces trituradas antes de congelar. Esto no solo añade crocancia, sino que también hace que la paleta sea más saciante, proporcionando una opción de refrigerio satisfactoria que ayuda a mantener el hambre bajo control.

Cuando se trata de congelar, solo necesita moldes simples. Puede encontrar moldes de silicona económicos en varias formas y tamaños, o incluso reutilizar vasitos de papel pequeños y palitos de paleta. Vierta la mezcla de yogur en los moldes, inserte los palitos y colóquelos en el congelador durante unas horas. El tiempo de espera vale totalmente la pena, ya que su familia será recompensada con deliciosas paletas congeladas caseras, libres de ingredientes artificiales y azúcares añadidos.

Estas paletas de yogur congelado son perfectas como refrigerios después de la escuela, golosinas veraniegas o incluso como una opción saludable de postre. Son fáciles de almacenar en el congelador, lo que le permite tener siempre un refrigerio nutritivo a la mano. Con solo un poco de planificación, puede asegurarse de que su familia disfrute de dulces saludables que se ajusten a su presupuesto. Así que reúna sus ingredientes, dé rienda suelta a la creatividad en la cocina y observe cómo sus hijos se deleitan con estas saludables paletas de yogur congelado que combinan diversión y nutrición en cada bocado.

07

Capítulo 7:
Compras inteligentes

Crear una lista de compras económica

Crear una lista de compras económica es un paso esencial para los padres ocupados y las familias jóvenes que buscan mantener hábitos de alimentación saludable mientras controlan los gastos. La clave para hacer compras exitosas está en la preparación y la planificación. Comience evaluando las necesidades y preferencias alimenticias de su familia. Esto no solo ayuda a seleccionar opciones nutritivas, sino que también asegura que todos en la familia estén satisfechos y entusiasmados con las comidas. Cuando sabe lo que le gusta a su familia, puede crear una lista específica que reduce las compras impulsivas y hace que sus visitas al supermercado sean más eficientes.

Comience su planificación tomando nota de lo que ya tiene en su despensa y refrigerador. Esto evitará compras innecesarias y le ayudará a utilizar ingredientes que quizá haya olvidado. Haga una lista de las comidas que planea preparar durante la semana, enfocándose en recetas que usen ingredientes similares. Esta estrategia no solo minimiza el desperdicio, sino que también le permite comprar al por mayor, lo cual muchas veces ahorra dinero. Recuerde que cocinar en grandes cantidades y usar las sobras de forma creativa puede estirar aún más su presupuesto, mientras sigue proporcionando comidas nutritivas para su familia.

Cuando se trata de hacer las compras, opte por productos de temporada. Las frutas y verduras de temporada suelen ser más económicas y tienen mejor sabor. Además, considere visitar mercados locales de agricultores o participar en programas de agricultura apoyada por la comunidad (CSA). Estas opciones pueden ofrecerle productos frescos y locales a precios competitivos, al mismo tiempo que apoya a su comunidad. Tampoco descarte las frutas y verduras congeladas; se recogen en su punto óptimo de madurez y pueden ser más económicas que las opciones frescas, especialmente fuera de temporada.

La fibra es muy importante

La fibra es esencial para la salud digestiva, el equilibrio del azúcar en sangre y para mantener a su familia satisfecha entre comidas. Existen dos tipos de fibra—soluble e insoluble—ambas fáciles de incorporar en productos horneados y recetas cotidianas. La fibra soluble, presente en la avena, las semillas de lino y el psyllium, ayuda a ralentizar la digestión y favorece la salud del corazón al reducir los niveles de colesterol. La fibra insoluble, que se encuentra en el trigo integral, el salvado, los frutos secos y las semillas, promueve la regularidad y la salud intestinal. Agregar fibra a los productos horneados es sencillo: reemplace la harina blanca por harina integral o de almendra, mezcle semillas de lino o chía molidas, o agregue una cucharada de psyllium a panqueques, muffins o panes. Incluso una pizca de almidón resistente rico en prebióticos, como la harina de plátano verde o almidón de papa, puede mejorar la digestión y fomentar un microbioma intestinal saludable.

Leer las etiquetas de los alimentos es fundamental

Leer las etiquetas de los alimentos es una de las formas más poderosas de proteger la salud de su familia frente a ingredientes dañinos ocultos en los alimentos procesados. Muchos productos envasados contienen aditivos artificiales, grasas poco saludables y organismos genéticamente modificados (OGM), que pueden afectar negativamente la salud. Para tomar decisiones informadas, busque listas de ingredientes cortas con alimentos integrales reconocibles. Evite aditivos dañinos como el jarabe de maíz de alta fructosa, aceites hidrogenados (grasas trans), colorantes artificiales (como el Rojo 40 y Amarillo 5), glutamato monosódico (MSG) y edulcorantes artificiales como el aspartame y la sucralosa. Muchos alimentos procesados también contienen soya, maíz y canola genéticamente modificados, los cuales pueden contribuir a la inflamación y otros problemas de salud. Elegir alimentos orgánicos, no transgénicos y mínimamente procesados garantiza que está proporcionando a su familia las opciones más saludables, evitando al mismo tiempo químicos dañinos y aditivos innecesarios.

Priorice los alimentos integrals A medida que construya su lista de compras (vea la página de recursos al final), dé prioridad a los alimentos integrales en lugar de los productos procesados. Alimentos como granos, frijoles y legumbres no solo son rentables, sino también increíblemente nutritivos. Incorporar estos ingredientes básicos en sus comidas puede ayudarle a estirar su presupuesto mientras proporciona nutrientes esenciales a su familia. Busque ofertas o descuentos en estos productos y considere las marcas genéricas, que a menudo ofrecen la misma calidad que las marcas reconocidas a un menor precio. Este pequeño cambio puede generar ahorros significativos con el tiempo.

Sea consciente de su presupuesto Por último, siempre tenga presente su presupuesto al hacer las compras. Establezca una cantidad específica que planea gastar cada semana y cúmplala. Si se siente tentado por un artículo no esencial, pregúntese si encaja en su plan de comidas o si está alineado con los objetivos de salud de su familia. Al mantenerse enfocado y disciplinado, puede crear una lista de compras que no solo respalde un estilo de vida saludable, sino que también respete su presupuesto. Con la planificación adecuada, elecciones conscientes y leyendo las etiquetas de los ingredientes, comer saludablemente con un presupuesto ajustado puede ser tanto alcanzable como agradable para su familia.

Frutas y verduras de temporada y promociones

Incorporar productos de temporada en las comidas de su familia no solo mejora el sabor y el valor nutricional de sus platos, sino que también apoya su presupuesto. Cuando las frutas y verduras están en temporada, suelen ser más económicas y abundantes, lo que le permite disfrutar de ingredientes frescos sin gastar de más. Los padres ocupados pueden aprovechar los mercados de agricultores locales o supermercados que destacan productos de temporada. Al adquirir el hábito de revisar qué está en temporada, encontrará que planificar las comidas se vuelve más fácil y agradable.

Comprender cuáles son los productos de temporada en su región puede darle el poder de crear platos variados y coloridos para su familia. Por ejemplo, la primavera ofrece espárragos vibrantes y guisantes dulces, el verano trae tomates y bayas en abundancia, mientras que el otoño ofrece calabazas y manzanas sustanciosas. El invierno puede parecer limitado, pero los tubérculos y las hojas verdes resistentes son excelentes opciones. Al rotar estos ingredientes estacionales en sus comidas, puede mantener su menú interesante y motivar a su familia a probar nuevos sabores y texturas.

Planificar sus compras en torno a los productos de temporada puede generar un ahorro significativo. En lugar de comprar frutas y verduras fuera de temporada, que a menudo tienen un precio más alto y una calidad inferior, concéntrese en lo que está disponible actualmente. Cree un plan de comidas semanal que utilice estos ingredientes, asegurándose de incluir una variedad de colores y tipos para lograr una nutrición equilibrada. Este enfoque no solo le ayuda a mantenerse dentro de su presupuesto, sino que también fomenta hábitos alimenticios más saludables para sus hijos, ya que podrán experimentar toda la gama de sabores que la naturaleza tiene para ofrecer.

A medida que explore los productos de temporada, considere involucrar a sus hijos en el proceso. Llévelos al mercado y permítales elegir frutas y verduras que les llamen la atención. Esto no solo convierte las compras en una aventura divertida, sino que también fomenta un sentido de participación en sus comidas. Anímelos a ayudarle a preparar platos con esos ingredientes, enseñándoles habilidades valiosas en la cocina mientras refuerza la importancia de una alimentación saludable. Cuando los niños forman parte del proceso, es más probable que disfruten y valoren las comidas que preparan en familia.

Por último, ¡no dude en experimentar en la cocina! Los productos de temporada pueden inspirar creatividad culinaria y llevar a descubrimientos deliciosos. Intente preparar una ensalada veraniega refrescante con duraznos maduros o un reconfortante guiso invernal lleno de tubérculos. Las posibilidades son infinitas, y la emoción de probar nuevas recetas puede convertirse en una maravillosa experiencia de unión familiar. Acoja con entusiasmo los cambios que cada estación trae a su mesa y observe cómo crece la apreciación de su familia por comidas saludables y económicas.

Consejos para comprar al por mayor

Cuando se trata de manejar un hogar ocupado, comprar al por mayor puede marcar la diferencia tanto para su presupuesto como para la salud de su familia. Al adquirir productos en cantidades más grandes, puede ahorrar dinero y asegurarse de tener a mano ingredientes nutritivos para sus comidas. Comience haciendo una lista de los alimentos básicos que su familia disfruta—piense en granos, legumbres, conservas, verduras congeladas y refrigerios saludables. Esto le ayudará a evitar compras impulsivas y garantizará que solo adquiera lo que realmente va a utilizar. Recuerde: el objetivo es llenar su despensa con productos que apoyen la salud de su familia y respeten su presupuesto.

Considere hacer sus compras en tiendas mayoristas o unirse a una cooperativa para acceder a productos al por mayor. Estos lugares suelen ofrecer precios más bajos en grandes cantidades, lo que puede generar ahorros significativos a lo largo del tiempo. Si no está seguro de si su familia podrá consumir todo lo que compre, organícese con amigos o vecinos para hacer compras grupales. Compartir artículos al por mayor no solo reduce costos, sino que también fomenta vínculos comunitarios. Es una situación beneficiosa para todos que le permite disfrutar de las ventajas de comprar al por mayor sin preocuparse por el desperdicio. Nota: Misfits Market y Hungry Harvest venden frutas y verduras "imperfectas". Estas empresas entregan productos con descuento directamente a su puerta.

El almacenamiento es clave cuando se trata de compras al por mayor. Asegúrese de tener espacio en su despensa, congelador y refrigerador para acomodar las grandes cantidades. Invierta en recipientes herméticos para mantener frescos los alimentos secos y prevenir que se echen a perder. Etiquete todo con las fechas de compra para llevar un control y asegurarse de usar los productos antes de que caduquen. En el caso de los productos perecederos, considere preparar comidas por adelantado o cocinar en grandes cantidades para aprovechar al máximo sus compras al por mayor. De esta forma, podrá congelar comidas para las noches ocupadas, asegurándose de que su familia siempre tenga opciones saludables listas para disfrutar.

No olvide incorporar productos de temporada en su estrategia de compras al por mayor. Cuando las frutas y verduras están en temporada, a menudo se encuentran a precios más bajos. Cómpralas en grandes cantidades y congélelas o consérvelas para usarlas más adelante, asegurando que su familia disfrute de los beneficios de los productos frescos durante todo el año. Esto no solo mejora sus comidas, sino que también fomenta hábitos alimenticios saludables en sus hijos. Ellos aprenderán a valorar los alimentos frescos mientras usted ahorra dinero al mismo tiempo.

Finalmente, mantenga la flexibilidad en la planificación de sus comidas. Cuando dispone de una variedad de productos comprados al por mayor, puede ajustar fácilmente sus recetas en función de lo que tenga a mano. Use su inventario para crear un menú rotativo que incorpore diferentes ingredientes, asegurando que su familia disfrute de comidas saludables y variadas a lo largo de la semana. Con un poco de creatividad y planificación, puede convertir las compras al por mayor en una experiencia divertida y gratificante para su familia, haciendo que la alimentación saludable sea tanto económica como placentera.

08

Capítulo 8: Cocinar juntos en familia

Involucrar a los niños en la preparación de comidas

Involucrar a los niños en la preparación de comidas puede transformar la cocina en un espacio divertido y educativo, al mismo tiempo que fomenta hábitos alimenticios saludables. Cuando los niños participan en la preparación de sus alimentos, desarrollan un sentido de pertenencia sobre lo que comen, lo que los hace más propensos a probar nuevos alimentos. Esta participación no solo fortalece sus habilidades culinarias, sino que también les enseña valiosas lecciones sobre nutrición y la importancia de una alimentación saludable. Los padres ocupados pueden aprovechar esta oportunidad para estrechar lazos con sus hijos e inculcar una actitud positiva hacia la comida desde temprana edad.

Una forma efectiva de involucrar a los niños en la cocina es asignarles tareas apropiadas para su edad. Los más pequeños pueden ayudar a lavar verduras, deshojar lechuga o medir ingredientes, mientras que los mayores pueden encargarse de tareas más complejas como cortar, revolver o seguir recetas. Al darles roles específicos, los empodera para contribuir de manera significativa al proceso de cocina. Este sentido de participación refuerza su autoestima y hace que la hora de la comida sea más emocionante para todos. Recuerde celebrar sus esfuerzos, por pequeños que sean, para fomentar un interés duradero en la cocina.

Planificar las comidas juntos también es una excelente estrategia para involucrar a los niños. Reserve un momento cada semana para sentarse en familia y discutir las comidas de los próximos días. Deje que los niños compartan sus alimentos favoritos y ayuden a pensar en opciones saludables. Este enfoque colaborativo no solo los hace sentir valorados, sino que también les enseña sobre la planificación de comidas y el manejo del presupuesto. Cuando participan en la decisión de qué comer, es más probable que se entusiasmen con los platos que preparan en conjunto, lo que puede aliviar los conflictos durante las comidas.

Incorporar elementos educativos en la preparación también puede enriquecer la experiencia. Aproveche este momento para enseñarles sobre los diferentes grupos de alimentos, el valor nutricional de los ingredientes y cómo leer etiquetas. Incluso puede integrar habilidades matemáticas haciéndoles medir ingredientes o calcular porciones. Este enfoque integral convierte la preparación en una oportunidad de aprendizaje y refuerza la idea de que comer bien es parte esencial de un estilo de vida equilibrado. Cuanto más sepan, más probabilidades tendrán de tomar decisiones saludables por sí mismos.

Finalmente, crear una tradición familiar en la cocina puede hacer que la preparación de comidas sea algo esperado con entusiasmo. Dedique una noche a la semana como la "Noche de Cocina en Familia", donde todos se reúnan para preparar una comida. Esta tradición puede ser un momento especial para compartir, conversar y disfrutar juntos, en medio del ritmo agitado de la vida diaria. A medida que los niños crezcan, llevarán consigo esos recuerdos y las habilidades que aprendan les servirán en el futuro. Al involucrarlos en la preparación de las comidas, no solo convierte la alimentación saludable en un asunto familiar, sino que también sienta las bases para una vida llena de experiencias positivas con la comida.

Retos divertidos en la cocina

Cocinar puede sentirse como una tarea rutinaria, especialmente para los padres que equilibran el trabajo, los niños y una larga lista de responsabilidades diarias. Sin embargo, introducir retos divertidos en la cocina dentro de la rutina familiar puede transformar la hora de la comida en una experiencia amena y estimulante. Estos desafíos no solo fomentan la creatividad en la cocina, sino que también promueven el trabajo en equipo, convirtiendo la cocina en una oportunidad perfecta para compartir y fortalecer vínculos.

Una idea emocionante es organizar una noche temática de cocina. Elija un tema, como cocina italiana, mexicana o incluso un reto de color, donde todos los ingredientes deben ser del mismo color. Involucre a sus hijos en la elección del tema y permítales investigar recetas tradicionales. Este enfoque no solo hace que cocinar sea divertido, sino que también permite a los niños explorar diferentes culturas y gastronomías, ampliando su paladar y su aprecio por los alimentos diversos—todo sin salirse del presupuesto.

Otro gran desafío es el concurso del "ingrediente misterioso". Cada miembro de la familia puede seleccionar un ingrediente saludable de la despensa o el refrigerador que debe incluirse en la comida. Puede ser cualquier cosa, desde espinaca hasta quinoa, y el reto es crear un plato que destaque ese ingrediente. Anime a sus hijos a pensar de manera creativa y a inventar recetas. Esto no solo estimula la imaginación, sino que también les enseña cómo incorporar ingredientes nutritivos de manera deliciosa, asegurando que la alimentación saludable se convierta en un asunto familiar.

Para quienes desean ahorrar dinero mientras se divierten, considere el reto de "reinventar las sobras". Cada semana, elijan un día dedicado a utilizar las sobras o artículos de la despensa que, de otro modo, podrían desperdiciarse. Permita que todos en la familia contribuyan sugiriendo ideas sobre cómo combinar los ingredientes restantes en un nuevo plato. Este reto promueve la creatividad y enseña a los niños la importancia de minimizar el desperdicio, mientras se divierten experimentando con sabores y texturas.

Por último, una "competencia de cocina" puede ser una forma emocionante de agregar un toque de competencia amistosa en la cocina. Divídase en equipos y establezca un tiempo límite para crear un plato saludable utilizando un número limitado de ingredientes. Esto no solo fomenta el pensamiento rápido y el trabajo en equipo, sino que también permite a los niños sentirse dueños de sus habilidades culinarias. Celebren los esfuerzos de todos con una prueba de sabor familiar y otorguen títulos divertidos como "Mejor presentación" o "Sabor más creativo". Estas experiencias no solo traerán alegría a su cocina, sino que también crearán recuerdos duraderos e inculcarán en sus hijos el amor por la cocina saludable.

Convertir la hora de la comida en un evento familiar

Convertir la hora de la comida en un evento familiar puede transformar el acto de comer juntos en un momento de alegría y conexión. Para los padres ocupados y las familias jóvenes, el reto suele ser encontrar tiempo entre las agendas apretadas. Pero hacer de las comidas un evento familiar no requiere una planificación exhaustiva ni platos gourmet; solo se necesita el compromiso de dar prioridad a compartir la mesa. Al crear un ambiente acogedor e involucrar a todos en el proceso, puede fomentar un sentido de pertenencia y unidad que fortalece los lazos familiares.

Una forma efectiva de convertir las comidas en un evento familiar es involucrar a sus hijos en la preparación. Las tareas pueden dividirse según la edad, permitiendo que los más pequeños laven verduras mientras que los mayores se encargan de picar o mezclar ingredientes. Esto no solo enseña habilidades culinarias valiosas, sino que también hace que los niños se sientan incluidos e interesados en la comida. A medida que ayudan a preparar los alimentos, se sienten más motivados a probar nuevos platos y a valorar el esfuerzo que conlleva crear una comida saludable para todos.

Establecer una hora específica para las comidas también puede motivar a las familias a reunirse con regularidad. Ya sea el desayuno, el almuerzo o la cena, tener un momento determinado en el que todos se sienten a comer ayuda a crear una rutina. Considere convertirlo en una tradición para compartir historias del día o hablar sobre algo por lo que estén agradecidos. Este pequeño ritual puede transformar la comida en un momento especial, donde todos se sientan escuchados y valorados. No es necesario que sea una conversación larga; incluso unos pocos minutos de compartir pueden generar un ambiente cálido y centrado en la familia.

Además de involucrar a los miembros de la familia en la preparación de las comidas y establecer una rutina, puede enriquecer la experiencia al crear un ambiente agradable para comer. Pequeños detalles, como poner la mesa juntos, apagar distracciones, añadir un mantel e incluso encender una vela, pueden hacer que las comidas se sientan especiales. Fomentar la participación de todos en este proceso, incluso con tareas sencillas, genera un sentido de pertenencia y orgullo por la comida familiar. Recuerde, el objetivo no es la perfección, sino la conexión, así que mantenga el momento relajado y agradable.

Por último, adoptar el concepto de las comidas como un evento familiar puede traer beneficios duraderos más allá de la nutrición. Se cultiva un entorno donde los niños aprenden la importancia de hábitos alimenticios saludables, al mismo tiempo que se crean recuerdos valiosos. Al dar prioridad a la hora de la comida, está inculcando valores como la unión, la gratitud y la comunicación que beneficiarán a su familia durante muchos años. Así que reúnanse alrededor de la mesa, compartan una risa y disfruten del simple placer de nutrir tanto sus cuerpos como sus relaciones.

09

Capítulo 9: Mantenerse motivado

Establecer metas realistas

Establecer metas realistas es fundamental para los padres ocupados y las familias jóvenes que buscan mantener un estilo de vida saludable sin salirse del presupuesto. El primer paso en este camino es identificar lo que mejor funciona para la situación única de su familia. Considere su rutina diaria, las preferencias de cada miembro del hogar y los recursos con los que cuenta. Al hacer una evaluación honesta de sus circunstancias, podrá establecer objetivos alcanzables que se adapten a su vida en lugar de abrumarla. Recuerde: los pequeños cambios pueden generar grandes mejoras con el tiempo.

A continuación, concéntrese en objetivos específicos y medibles que respondan a las necesidades de su familia. En lugar de aspiraciones vagas como "comer más sano", apunte a metas concretas como "incluir una porción de vegetales en la cena tres veces por semana". Este enfoque no solo aclara sus intenciones, sino que también le brinda una forma tangible de medir el progreso. Celebre las pequeñas victorias en el camino, ya que pueden aumentar la motivación y animar a su familia a mantener hábitos alimenticios saludables sin sentirse restringidos.

Involucrar a toda la familia en el proceso de establecer metas puede aumentar el compromiso y la responsabilidad compartida. Tómese el tiempo para sentarse juntos y hablar sobre lo que significa "comer sano" para cada uno. Anime a todos a compartir ideas y preferencias, convirtiéndolo en una actividad divertida y participativa. Cuando los niños se sienten incluidos en la planificación de las comidas y los refrigerios, es más probable que acepten los cambios. Considere crear un gráfico de comidas familiares o una sesión semanal de cocina para reforzar el trabajo en equipo y hacer de la alimentación saludable una responsabilidad compartida.

La flexibilidad es un componente clave al establecer metas realistas. La vida con niños pequeños puede ser impredecible, y los planes demasiado rígidos pueden generar frustración. En su lugar, permita hacer ajustes según el horario y los niveles de energía de su familia. Si una comida saludable planificada no se lleva a cabo una noche, no se desanime; simplemente muévala a otro día o elija una alternativa rápida y nutritiva. Adoptar la flexibilidad no solo aliviará el estrés, sino que también fomentará un enfoque positivo hacia la alimentación saludable que puede adaptarse a las necesidades cambiantes de su hogar.

Por último, recuerde que el camino hacia una alimentación más saludable es una maratón, no una carrera corta. El progreso puede ser gradual, pero cada paso cuenta. Mantenga sus objetivos manejables y revíselos periódicamente para ver cómo se ajustan al estilo de vida de su familia. A medida que los vaya alcanzando, descubrirá que comer sano se vuelve más intuitivo y placentero. Al establecer expectativas realistas, creará un camino sostenible hacia una mejor nutrición para su familia, siempre con atención al presupuesto.

Celebrar las pequeñas victorias

Celebrar las pequeñas victorias es una parte esencial del camino hacia una alimentación más saludable, especialmente para padres ocupados y familias jóvenes. En medio del torbellino de actividades diarias —desde llevar a los niños a la escuela hasta cumplir con compromisos laborales— es fácil pasar por alto los logros pequeños que allanan el camino para un cambio duradero. Reconocer y celebrar estos logros eleva el ánimo (¿ha escuchado hablar de usar un plato rojo para celebraciones?), fomenta una mentalidad positiva y crea un ambiente de apoyo en el hogar. Ya sea haber logrado cocinar una comida nutritiva en una noche particularmente agitada o haber conseguido que los niños prueben una nueva verdura, cada victoria merece ser reconocida.

Una de las formas más sencillas de celebrar las pequeñas victorias es crear un ritual familiar. Considere reservar unos minutos cada semana para reflexionar sobre lo que salió bien en la cocina. ¿Logró preparar una cena saludable en menos de 30 minutos? ¿Todos terminaron sus porciones de verduras? ¿Tal vez logró mantenerse dentro del presupuesto del supermercado y aún así compró productos frescos? Compartir estos momentos en familia no solo refuerza conductas positivas, sino que también genera un sentido de logro en todos. Estas conversaciones pueden inspirar aún más hábitos saludables en el futuro.

Otra estrategia eficaz es incorporar recompensas divertidas por alcanzar pequeños objetivos. Estas recompensas no tienen que ser extravagantes; pueden ser tan simples como una noche de juegos en familia, un postre especial preparado entre todos o incluso un picnic en la sala. Cuando su familia alcanza un hito —como cocinar una comida saludable cinco veces en una semana— ¡celébrenlo! Esto no solo premia el esfuerzo, sino que también motiva a todos a seguir adelante, creando un ciclo de positividad y entusiasmo en la cocina.

Reconocer la importancia de las pequeñas victorias también puede ayudar a cambiar el enfoque de la perfección al progreso. Para los padres ocupados, es fácil sentirse abrumados por la búsqueda de un estilo de vida perfectamente saludable. En lugar de eso, celebre el hecho de que ha decidido dar prioridad a la nutrición, incluso si eso significa pedir comida para llevar más saludable una vez por semana en lugar de cocinar todas las noches. Cada paso hacia una alimentación más saludable, por pequeño que sea, es un paso en la dirección correcta. Esta mentalidad puede aliviar la presión y hacer que la experiencia sea más placentera para todos.

Al final, es la suma de estas pequeñas victorias lo que conduce a grandes cambios en los hábitos alimenticios de su familia. Al celebrar cada logro, cultiva una cultura familiar que valora la salud y el bienestar. Estos momentos de triunfo no solo refuerzan su compromiso con una alimentación más saludable, sino que también fortalecen los lazos familiares. Así que tómese un momento para reconocer lo que ha logrado, grande o pequeño, y deje que ese sentido de orgullo lo impulse a seguir adelante en su camino hacia una alimentación saludable y económica para su familia.

Formar hábitos saludables

Formar hábitos saludables es fundamental para padres ocupados y familias jóvenes que desean mantener un estilo de vida equilibrado sin salirse del presupuesto. Establecer rutinas centradas en una alimentación nutritiva puede parecer abrumador, pero con algunos enfoques estratégicos, puede convertirse en una parte fluida de la vida diaria de su familia. Al hacer cambios pequeños y manejables, usted puede fomentar un entorno en el que las elecciones saludables sean la norma y no la excepción.

Comience involucrando a toda la familia en la planificación y preparación de las comidas. Esto no solo hace que el proceso sea más divertido, sino que también enseña a los niños habilidades valiosas y la importancia de la nutrición. Reserve un momento específico cada semana para sentarse juntos y generar ideas para el menú. Anime a todos a contribuir con sus platillos saludables favoritos y convierta esta actividad en una oportunidad para descubrir nuevas recetas. Esta colaboración puede generar entusiasmo en torno a la alimentación saludable y garantizar que todos se sientan incluidos en el proceso de toma de decisiones.

Cuando vaya al supermercado, apéguese a una lista que priorice alimentos integrales y productos de temporada para mantener bajos los costos mientras maximiza la nutrición. Las frutas y verduras frescas, los granos y las proteínas magras son la base de una dieta saludable. Si involucra a sus hijos en el proceso de compras, ellos pueden ayudar a seleccionar los artículos de la lista, lo que puede aumentar su disposición a probar nuevos alimentos. Enseñarles a los niños sobre el presupuesto mientras hacen las compras puede convertir la experiencia en una valiosa lección sobre alimentación saludable y responsabilidad financiera.

Incorporar refrigerios saludables en la rutina de su familia es otra forma efectiva de formar buenos hábitos. Prepare una variedad de opciones rápidas y nutritivas, como frutas en rodajas, yogur o barras de granola caseras, y manténgalas fácilmente accesibles. Este sencillo paso puede evitar compras impulsivas de bocadillos poco saludables y garantizar que su familia tenga a mano opciones energéticas a lo largo del día. Anime a los niños a elegir estos refrigerios saludables cuando tengan hambre, reforzando la idea de que la comida nutritiva puede ser deliciosa y práctica.

Por último, haga de la hora de la comida un momento familiar. Reserve un espacio cada día para sentarse juntos a comer sin distracciones. Esta práctica no solo fortalece los lazos familiares, sino que también permite conversaciones significativas sobre la importancia de una alimentación saludable. Mientras comparten la comida, hablen sobre los beneficios de los alimentos que están disfrutando y resalten los efectos positivos de mantener una dieta equilibrada. Al crear un ambiente de apoyo en torno a la alimentación saludable, estará sentando las bases para hábitos duraderos que beneficiarán a su familia durante muchos años.

Capítulo 10: Recursos y herramientas

Libros de cocina y blogs recomendados

Cuando se trata de cocinar de forma rápida y saludable para familias ocupadas, contar con los recursos adecuados puede marcar una gran diferencia. Existen numerosos libros de cocina y blogs diseñados específicamente para ayudarle a enfrentar los desafíos de preparar comidas nutritivas con un presupuesto ajustado. Estos recursos no solo ofrecen recetas deliciosas, sino también valiosos consejos sobre planificación de comidas, compras inteligentes y cómo aprovechar los ingredientes de temporada. Adoptar estas herramientas puede darle el poder de crear una experiencia culinaria positiva para su familia, incluso en los días más ocupados.

Un libro de cocina altamente recomendado es The Weekday Vegetarians de Jenny Rosenstrach. Este libro se enfoca en comidas simples, a base de plantas, que son tanto satisfactorias como fáciles de preparar. Con su énfasis en recetas aptas para toda la familia, lo anima a incorporar más vegetales en su dieta sin sacrificar el sabor. Cada receta está diseñada para prepararse en treinta minutos o menos, lo que lo hace perfecto para esas noches caóticas en las que el tiempo escasea. Además, la hermosa fotografía y las anécdotas familiares hacen que cocinar se sienta como una experiencia alegre en lugar de una obligación.

Otro recurso fantástico es el blog Budget Bytes de Beth Moncel. Este blog está dedicado a compartir recetas económicas que no sacrifican el sabor ni la nutrición.

Beth documenta su experiencia cocinando con un presupuesto limitado y ofrece consejos útiles sobre preparación de comidas y ahorro en las compras. Cada receta incluye un desglose de costos, permitiéndole ver exactamente cuánto gasta en cada platillo. Su enfoque práctico y la accesibilidad de sus recetas hacen que sea fácil para los padres ocupados preparar comidas deliciosas sin gastar de más.

Para quienes prefieren un enfoque más práctico, The Instant Pot Electric Pressure Cooker Cookbook de Laurel Randolph es una excelente opción. Este libro ofrece una variedad de recetas saludables y rápidas que se pueden preparar en una olla a presión eléctrica (Instant Pot), un aparato revolucionario para las familias ocupadas. Con la capacidad de cocinar en una fracción del tiempo habitual, podrá disfrutar de platos caseros y nutritivos sin largas esperas. Cada receta está diseñada para maximizar el sabor mientras se minimiza el tiempo de preparación, permitiéndole pasar más tiempo con su familia y menos en la cocina.

Finalmente, The Healthy Meal Prep Cookbook de Toby Amador ofrece una guía completa para la preparación anticipada de comidas, lo cual puede ser un salvavidas para las familias ocupadas. Este recurso está lleno de recetas nutritivas que pueden prepararse con antelación, asegurando que siempre tenga una opción saludable a mano. El libro enfatiza la importancia de la planificación y la organización, enseñándole a optimizar su proceso de cocina sin salir del presupuesto. Con sus consejos prácticos y recetas sencillas, le resultará más fácil crear platillos deliciosos que su familia adorará, mientras cuida sus finanzas.

Al utilizar estos libros y blogs, podrá enfrentar con confianza el desafío de una alimentación saludable para su familia, haciendo que la hora de la comida sea placentera y libre de estrés.

Utensilios de cocina para cocinar rápido

En el acelerado mundo de los padres ocupados y las familias jóvenes, la cocina puede sentirse como un campo de batalla donde el tiempo es un recurso valioso. Afortunadamente, los utensilios de cocina adecuados pueden transformar este espacio en un refugio de eficiencia, haciendo que cocinar rápidamente no solo sea posible, sino también agradable. Invertir en algunas herramientas clave puede reducir significativamente el tiempo de preparación y ayudarle a preparar comidas saludables sin afectar su presupuesto. A continuación, exploramos algunos utensilios esenciales que respaldarán su objetivo de cocinar de forma nutritiva y económica.

Uno de los aparatos más destacados para cocinar rápido es la olla de cocción lenta (*slow cooker*). Este versátil electrodoméstico le permite preparar las comidas con antelación, liberando un valioso tiempo durante la semana. Simplemente coloque los ingredientes por la mañana, prográmela y regrese a casa para encontrar una comida caliente y lista para servir. Ya sea un estofado sustancioso o un chili lleno de vegetales, las ollas de cocción lenta le ayudan a crear platos deliciosos que, muchas veces, saben aún mejor al día siguiente. Además, muchas recetas para olla de cocción lenta utilizan ingredientes económicos, lo que las convierte en una opción ideal para familias que cuidan sus gastos.

La batidora de inmersión (*immersion blender*) es otra herramienta fantástica que ahorra tiempo y esfuerzo en la cocina. Este dispositivo de mano le permite hacer puré de sopas directamente en la olla, preparar batidos en segundos o crear salsas caseras sin tener que transferir los ingredientes a una licuadora tradicional. Con una batidora de inmersión, puede incorporar fácilmente más frutas y verduras en la dieta familiar, fomentando una alimentación saludable sin el desorden de utensilios adicionales. Es un aparato compacto pero potente que facilita una preparación de comidas rápida y eficiente.

Las ollas a presión eléctricas también han ganado popularidad por buenas razones. Reducen significativamente los tiempos de cocción, permitiéndole preparar en minutos lo que normalmente tomaría horas. Ya sea que esté cocinando granos, legumbres o cortes de carne más duros, la olla a presión los deja tiernos y llenos de sabor en poco tiempo. Esta eficiencia no solo ahorra tiempo, sino también energía, lo que la convierte en una opción ecológica para las familias conscientes. Además, muchas recetas diseñadas para olla a presión son económicas, ayudándole a sacar el máximo provecho de su presupuesto.

Por último, no subestime el poder de un buen juego de cuchillos. Invertir en cuchillos de calidad puede hacer que la preparación de alimentos sea más rápida y placentera. Un cuchillo de chef afilado, un cuchillo para pelar y un cuchillo para pan son esenciales que le permitirán cortar, rebanar y picar con facilidad. Cuando las herramientas son efectivas, la preparación de las comidas deja de ser una tarea pesada para convertirse en una actividad divertida en familia. Anime a sus hijos a participar en el proceso, enseñándoles habilidades valiosas mientras preparan juntos comidas saludables.

Al incorporar estos utensilios de cocina en su rutina, podrá optimizar la preparación de las comidas y concentrarse en lo que realmente importa: pasar tiempo de calidad con su familia. Cocinar rápido no tiene que significar sacrificar la nutrición o el sabor. Con la ayuda adecuada, puede preparar comidas saludables, deliciosas y económicas que todos disfrutarán. Acepte estos utensilios como aliados en su camino hacia una alimentación equilibrada y disfrute de los resultados deliciosos que saldrán de sus aventuras en la cocina.

Aplicaciones para planificación de comidas y presupuesto

En el mundo acelerado de hoy, los padres ocupados a menudo manejan múltiples responsabilidades, lo que hace que planificar comidas y mantener un presupuesto sea un desafío. Afortunadamente, la tecnología ha llegado al rescate con diversas aplicaciones diseñadas específicamente para familias que desean comer de forma saludable sin salirse del presupuesto. Estas herramientas pueden simplificar el proceso de planificación de comidas, permitiéndole concentrarse en lo que realmente importa: pasar tiempo de calidad con sus seres queridos mientras disfrutan de comidas nutritivas.

Aplicaciones como **Mealtime** y **Plan to Eat** pueden simplificar enormemente la preparación semanal. Estas plataformas le permiten crear planes de comida personalizados según las preferencias y necesidades dietéticas de su familia. Con interfaces fáciles de usar, podrá seleccionar recetas, generar listas de compras e incluso programar las comidas para la semana. Dedicando solo unos minutos a la semana a esta planificación, puede ahorrar tiempo y reducir el estrés de cocinar a última hora, garantizando a la vez que su familia coma de forma saludable y deliciosa.

Aplicaciones de presupuesto como **Mint** o **YNAB (Necesitas un presupuesto)** pueden complementar sus esfuerzos de planificación de comidas. Estas herramientas le ayudan a hacer seguimiento de sus gastos en comestibles y a establecer límites presupuestarios, facilitando el cumplimiento de sus metas financieras. Al monitorear sus gastos, puede identificar áreas donde tal vez esté gastando de más y redirigir esos fondos hacia opciones alimenticias más saludables. La combinación de planificación de comidas y control del presupuesto no solo promueve hábitos alimenticios más sanos, sino que también fomenta la conciencia financiera dentro del hogar.

Otro recurso valioso son las aplicaciones de supermercados, que a menudo ofrecen cupones digitales y anuncios semanales, lo que le permite maximizar su presupuesto. Muchos supermercados cuentan con aplicaciones propias que ofrecen descuentos personalizados según su historial de compras. Aprovechando estas ofertas, puede adquirir ingredientes frescos para sus planes de comida sin sentir culpa por el costo. Este enfoque no solo asegura que esté alimentando a su familia con productos saludables, sino que también enseña a los niños valiosas lecciones sobre presupuestar y comprar de forma inteligente.

Incorporar estas aplicaciones en su rutina puede transformar la manera en que aborda la preparación de comidas y la administración financiera del hogar. Con un poco de planificación y las herramientas adecuadas al alcance de su mano, puede crear un equilibrio armonioso entre comer saludablemente y mantenerse dentro del presupuesto. Aproveche la comodidad de la tecnología y observe cómo lo empodera para alimentar a su familia con amor y conciencia financiera. El camino hacia una alimentación más sana y un gasto más inteligente puede ser agradable y satisfactorio, allanando el camino hacia una vida familiar más feliz y saludable.

11

Capítulo 11: Conclusión y próximos pasos

Adoptar un estilo de vida saludable

Adoptar un estilo de vida saludable es un viaje que todo padre ocupado puede emprender, independientemente de sus horarios agitados y limitaciones financieras. Comienza con cambios simples que pueden integrarse sin problemas en las rutinas diarias. A medida que las familias equilibran el trabajo, la escuela y las actividades extracurriculares, es esencial priorizar la salud de una manera que se sienta manejable y sostenible. Al enfocarse en metas pequeñas y alcanzables, las familias pueden crear una base para hábitos saludables duraderos que no solo beneficien a cada miembro, sino que también fortalezcan los lazos familiares.

Una de las formas más efectivas de adoptar un estilo de vida saludable es a través de la planificación de comidas. Esta práctica permite a las familias ahorrar tanto tiempo como dinero, al mismo tiempo que asegura que tengan opciones nutritivas fácilmente disponibles. Al dedicar solo un poco de tiempo cada semana para planificar las comidas, los padres pueden evitar el estrés de tomar decisiones de cena a último momento y reducir la tentación de optar por comida rápida poco saludable. Involucrar a toda la familia en este proceso puede hacerlo aún más agradable. Los niños pueden ayudar a elegir recetas, crear una lista de compras e incluso asistir en la cocina, fomentando un sentido de trabajo en equipo y entusiasmo por la alimentación saludable.

Otro componente clave de un estilo de vida saludable es la incorporación de la actividad física en las rutinas diarias. Las familias ocupadas pueden encontrar formas creativas de mantenerse activas juntas. Ya sea una caminata familiar después de la cena, un paseo en bicicleta los fines de semana o una divertida competencia de baile en la sala, moverse juntos no solo promueve la salud física, sino que también fortalece las relaciones familiares. Elegir actividades que todos disfruten facilita la constancia, convirtiendo el ejercicio en una tradición familiar divertida en lugar de una obligación.

Comer saludablemente no tiene por qué ser costoso. Existen numerosas opciones económicas que hacen que las decisiones nutritivas sean accesibles para las familias. Adoptar productos de temporada, comprar al por mayor y planificar las comidas en función de las ofertas puede reducir significativamente las facturas del supermercado, asegurando al mismo tiempo que las comidas sean saludables y satisfactorias. Además, cocinar en casa abre un mundo de posibilidades para la creatividad y la experimentación en la cocina. Las familias pueden explorar nuevas recetas juntas, descubriendo comidas deliciosas y saludables que se adapten a sus gustos y presupuesto.

En última instancia, adoptar un estilo de vida saludable se trata de tomar decisiones que estén alineadas con los valores y objetivos familiares. Se trata de crear un entorno donde se priorice la salud, no solo en términos de alimentación y ejercicio, sino también en el bienestar mental y emocional. Al apoyarse mutuamente en este viaje, las familias pueden cultivar una cultura de salud que perdure por generaciones. Recuerde, cada pequeño paso cuenta, y juntos pueden crear un estilo de vida vibrante y saludable que sea tanto agradable como sostenible.

Ánimo para padres ocupados

Como padres ocupados, encontrar el tiempo para preparar comidas saludables puede parecer una tarea abrumadora en medio del caos de la vida diaria. Compaginar el trabajo, las actividades escolares y los compromisos familiares a menudo deja poco espacio para planificar las comidas. Sin embargo, es vital recordar que nutrir a su familia no tiene que ser un esfuerzo complicado o que consuma mucho tiempo. Simplificar su enfoque puede ayudarle a crear comidas nutritivas sin estrés, permitiéndole enfocarse en lo que realmente importa: pasar tiempo de calidad con sus seres queridos.

Aproveche el poder de la preparación de comidas como una estrategia para ahorrar tiempo y dinero. Reserve unas horas cada semana para planificar y preparar sus comidas. Involucre a sus hijos en este proceso; no solo les enseñará habilidades valiosas, sino que también puede convertirse en una actividad divertida en familia. Elija recetas que se puedan preparar en grandes cantidades, como sopas, guisos o cazuelas, y guárdelas en porciones individuales. De esta manera, en esos días ocupados entre semana, simplemente podrá recalentar una comida saludable, eliminando la tentación de recurrir a la comida rápida.

Recuerde que comer saludablemente no requiere ingredientes costosos. Concéntrese en alimentos básicos económicos como frijoles, granos enteros y verduras de temporada, que a menudo son tanto nutritivos como accesibles. Al comprar en mercados locales o usar programas de lealtad de las tiendas, puede encontrar productos frescos a precios más bajos. Explore también el mundo de las frutas y verduras congeladas; se recogen en su punto máximo de maduración y pueden ser tan nutritivas como las frescas, brindándole versatilidad y facilidad al momento de cocinar.

Intente cultivar una mentalidad positiva sobre la comida en familia. Anime a sus hijos a explorar nuevos sabores y texturas mientras hace de las comidas momentos relajados y agradables. Involúcrelos en la elección de recetas y en la cocina, permitiéndoles expresar su creatividad. Establecer una rutina en torno a las comidas familiares puede fomentar la conexión y abrir espacio a conversaciones, reforzando la importancia de los hábitos alimenticios saludables sin la presión de la perfección.

Por último, sea amable consigo mismo. Está bien tener días en los que las cosas no salgan según lo planeado. Celebre sus logros, por pequeños que sean, y reconozca que está haciendo lo mejor para cuidar de su familia. Comer saludablemente es un viaje, no un destino. Al hacer cambios pequeños y manejables y mantenerse comprometido con el bienestar de su familia, está allanando el camino hacia una vida llena de hábitos saludables. Recuerde, cada esfuerzo cuenta, y usted está dando un ejemplo maravilloso para que sus hijos lo sigan.

Mirando hacia el futuro: planificación de comidas

Como padres ocupados, el ritmo diario a menudo deja poco tiempo para planificar las comidas, pero mirar hacia adelante puede aliviar significativamente el estrés de alimentar a su familia. Al reservar unos momentos cada semana para organizar sus comidas, no solo puede ahorrar tiempo, sino también cultivar hábitos alimenticios más saludables para sus seres queridos. Considere crear un plan de comidas que se alinee con el horario de su familia, utilizando los fines de semana o las noches más tranquilas para generar ideas que se adapten al gusto de todos y que sean económicas.

Un excelente punto de partida para la planificación futura de las comidas es involucrar a toda la familia en el proceso. Invite a sus hijos a elegir recetas, convirtiéndolo en una actividad divertida que despierte su interés por la alimentación saludable. Anímelos a seleccionar un par de platos nuevos cada semana, permitiendo que todos contribuyan al menú. Este enfoque colaborativo no solo fomenta un sentido de pertenencia, sino que también ayuda a los niños a desarrollar habilidades culinarias y una apreciación por los ingredientes nutritivos, haciendo que la hora de comer sea más agradable para todos.

Otra estrategia eficaz es adoptar la cocina por lotes y la preparación de comidas. Dedique unas horas los fines de semana a cocinar porciones más grandes de sus platos favoritos, que luego se pueden almacenar para cenas rápidas entre semana. Esto no solo ahorra tiempo, sino que también reduce la tentación de recurrir a opciones poco saludables en noches ocupadas. Al preparar ingredientes versátiles como granos, proteínas y verduras con anticipación, puede combinarlos durante la semana para crear comidas variadas sin la presión diaria de cocinar desde cero.

Esté atento a los productos de temporada y a las ofertas locales para maximizar su presupuesto al planificar las comidas. Las frutas y verduras de temporada suelen ser más económicas y sabrosas, lo que las convierte en una excelente adición al menú semanal. Al incorporar estos ingredientes en su planificación, no solo apoya la agricultura local, sino que también expone a su familia a una variedad de sabores y nutrientes que pueden mejorar la salud en general. Este enfoque fomenta la creatividad en la cocina al adaptar las recetas a lo que esté fresco y disponible.

Finalmente, recuerde mantener la flexibilidad en sus planes de comidas. La vida con niños pequeños puede ser impredecible, y es esencial ajustar sus planes según sea necesario. Si un plato no resulta como esperaba o su horario cambia, no dude en reorganizar las comidas o reutilizar las sobras. La clave para una planificación de comidas exitosa radica en su adaptabilidad, lo que le permite mantener las comidas frescas y emocionantes, sin dejar de priorizar la salud y el presupuesto. Abrace este viaje, sabiendo que cada pequeño paso hacia una planificación consciente de las comidas contribuye a una familia más sana y feliz.

Recursos

Comer saludablemente comienza con decisiones inteligentes al hacer las compras. Usa esta lista de compras como guía para abastecer tu cocina con alimentos densos en nutrientes y completos, evitando ingredientes procesados y poco saludables.

Frutas y Verduras (Frescas o Congeladas)

Manzanas, naranjas, plátanos, bayas (fresas, arándanos, frambuesas)

Aguacates, mangos, peras, uvas, piñas

Hojas verdes (espinaca, col rizada, romana, rúcula)

Zanahorias, pimientos, pepinos, calabacines, calabaza

Brócoli, coliflor, coles de Bruselas

Camotes, papas regulares

Cebollas, ajo, tomates

Proteínas Saludables

Huevos orgánicos

Carne de res alimentada con pasto, aves de corral criadas en libertad

Pescado salvaje (salmón, atún, bacalao)

Frijoles y lentejas

Garbanzos, hummus

Tofu orgánico, tempeh

Yogur griego natural

Nueces crudas (almendras, nueces, anacardos, pacanas)

Mantequillas de nuez (sin azúcar ni aceites añadidos)

Grasas Saludables

Aceite de oliva extra virgen

Aceite de coco

Mantequilla o ghee alimentados con pasto

Semillas de chía, semillas de lino, semillas de cáñamo

Granos Integrales y Carbohidratos Saludables

Quinoa, arroz integral, arroz salvaje

Avena cortada o enrollada

Pan integral o germinado

Pasta de grano entero

Harina de almendra, harina de coco

Pan Ezequiel

Lácteos y Alternativas Lácteas

Productos lácteos orgánicos enteros (leche, queso, yogur)

Leche de almendra, coco o avena sin azúcar

Básicos de Despensa

Frijoles enlatados orgánicos (frijoles negros, garbanzos, lentejas)

Caldo de verduras, pollo o res bajo en sodio

Salsa de tomate orgánica, tomates en cubos

Vinagre de sidra de manzana, vinagre balsámico

Hierbas y especias (cúrcuma, canela, orégano, albahaca)

Sal rosada del Himalaya o sal marina

Miel cruda o jarabe de arce puro (con moderación)

Chocolate oscuro (70% cacao o más)

Snacks Saludables

Palomitas de maíz al aire

Huevos duros

Mezcla de frutos secos (con nueces crudas, semillas y fruta seca sin azúcar)

Fruta fresca con mantequilla de nuez

Tortitas de arroz con aguacate o hummus

Verduras con guacamole o hummus

Puré de manzana sin azúcar añadida

La Lista de los 12 Más Contaminados de 2024

Cuando sea posible, especialmente si se consumen con frecuencia, compra orgánicos estos alimentos. Recuerda que la mayoría de los mercados de agricultores son excelentes fuentes de productos orgánicos deliciosos en su punto máximo de madurez — ¡y es una gran forma de apoyar a los agricultores locales! Estos alimentos están cargados de vitaminas, minerales y fibra, así que si no puedes permitirte comprarlos orgánicos, ¡no los evites! Simplemente enjuágalos bajo agua corriente y luego remójalos en agua tibia durante al menos un minuto. Aunque la cáscara suele contener muchos nutrientes (como en las manzanas), considera pelar los alimentos si los consumes con frecuencia.

- Fresas
- Espinaca
- Col rizada, col y mostaza verde
- Uvas
- Duraznos
- Peras
- Nectarinas
- Manzanas
- Pimientos dulces y picantes
- Cerezas

Guía para padres sobre una alimentación fácil y saludable

- Arándanos
- Ejotes (judías verdes)

La Lista de los 15 Más Limpios de 2024**

Las versiones cultivadas convencionalmente de estos alimentos generalmente son seguras para consumir. Por supuesto, si tienes la opción de comprarlos en un mercado de agricultores local o cultivarlos tú mismo, ¡es aún mejor! Y no olvides que, incluso si son orgánicos, sigue siendo importante enjuagarlos bien antes de consumirlos.

- Zanahorias
- Camotes
- Mangos
- Champiñones
- Sandía
- Col
- Kiwi
- Melón dulce (Honeydew)
- Espárragos
- Guisantes dulces
- Papaya

- ➢ Cebollas
- ➢ Piña
- ➢ Maíz dulce
- ➢ Aguacates

Consejos para Comprar de Forma Más Saludable

Lee las etiquetas de ingredientes – Evita los azúcares añadidos, aceites hidrogenados, edulcorantes artificiales y conservadores.

Compra en el perímetro – Los alimentos más saludables suelen estar alrededor de los bordes del supermercado.

Elige orgánico cuando sea posible – Especialmente para los "12 Más Contaminados" (productos con alto contenido de pesticidas como fresas y espinaca).

Prepara comidas con anticipación – Lava y corta vegetales, cocina granos y separa bocadillos saludables en porciones.

¡Usa esta guía para tomar decisiones más saludables y preparar a tu familia para una mejor nutrición y bienestar a largo plazo!

Biografía de la Autora

Jane Moughon es maestra, autora y líder de coaching grupal/personal en "Alimentación Saludable y Vida Vibrante". Ella empodera a las personas para que tomen el control de su salud enseñando el impacto de la nutrición, las deficiencias de vitaminas y minerales, y cómo afectan el bienestar general. Con más de 25 años de estudio en suplementos, salud alternativa y nutrición, guía a padres, profesionales de la salud y personas de todos los ámbitos que desean liberarse del ciclo de alimentos procesados, productos farmacéuticos y un sistema que trata síntomas en lugar de causas raíz.

A Jane le importa profundamente la salud de usted y su familia. Su misión es ayudarle a preparar comidas rápidas, frescas y nutritivas mientras convierte la preparación de alimentos en una actividad familiar divertida y participativa.

Encuentre más consejos de salud y nutrición en mi página de Facebook, **Jane Boyd Moughon**, y únase a mi grupo privado de Facebook,

Healthy Eating Vibrant Living, para recibir consejos exclusivos y apoyo de la comunidad.

¡Esté atento a mis próximos libros en inglés y español!

Para entrenamiento en salud y nutrición, coaching grupal o coaching personalizado con apoyo y responsabilidad, escríbame a:

Jane@gethealthiercoach@gmail.com.

https://www.facebook.com/groups/976294634219883

www.ingramcontent.com/pod-product-compliance
Lightning Source LLC
Chambersburg PA
CBHW040554010526
44110CB00054B/2674